UN PREMIER VOYAGE

SAVOIE & SUISSE

1

UN

PREMIER VOYAGE

——◆◇◆——

SAVOIE ET SUISSE

PAR

ETIENNE LUCAS.

· IMPRIMERIE LECOURT ET MIOLLAIS
· 48, Rue du Puits-de-la-Montée, 48
SOTTEVILLE-LÈS-ROUEN.

1877.

PRÉFACE.

———

Au commencement des vacances, mon père
me proposa de faire un voyage. Les voyages,
dit-il, forment la jeunesse, ils l'amusent en
l'instruisant, mais il faut bien voir et se souvenir ensuite.

Je fus confié aux mains d'un ami, plus
âgé que moi, et ce fut le 3 Août que nous
fîmes nos adieux à Saint-Etienne-du-Rouvray.

Profitant en voyage des recommandations
de mon père, je voulus me rendre compte de
tout et bientôt mon carnet fut rempli d'ob-
servations de tout genre.

A mon retour, mes amis et mes parents
me prièrent de leur raconter mon voyage.
J'ai vu tant de choses, dis-je, qu'il me faudrait
des volumes pour décrire mes impressions
et les merveilles que j'ai admirées. Puis, en
relisant mes notes, en me rappelant les beaux

panoramas qui s'étaient déployés devant mes yeux étonnés, je me laissai entraîner à écrire les pages qu'on va lire.

Ce petit travail terminé, je craignis de ne pouvoir le recopier assez de fois pour contenter tout le monde. C'est ce qui m'a déterminé à le faire imprimer.

Je le dédie à ma Grand'Mère, pour qu'elle y trouve une nouvelle preuve de ma tendre affection.

Je prie ceux qui me liront d'être indulgents pour un écolier en vacances, car mes études ne sont pas encore finies. L'équitation d'un côté, la chasse de l'autre, me prennent un temps que j'aurais dû peut-être employer à soigner davantage mon modeste récit.

Saint-Etienne-du-Rourray, le 1ᵉʳ Octobre 1877.

UN PREMIER VOYAGE

Chapitre Ier.

LE DÉPART.

— Te voilà, me dit mon père, en âge de voyager : je mets à ta disposition une somme assez rondelette, choisis toi-même ton itinéraire et un compagnon sérieux. Je fus enthousiasmé, car rien ne pouvait mieux répondre à mes désirs. J'écrivis sans retard à un de nos amis, pour le prier de se joindre à moi. Cet ami, du nom de Maurice, était plus âgé de quelques années et avait déjà parcouru la Suisse. Cela tranquillisa ma mère, qui ne donnait qu'à regret son consentement. Sa tendresse maternelle voyait des périls à chaque pas. Il est bien jeune, disait-elle à mon père, pour l'exposer ainsi.

Maurice arriva dans la soirée du samedi 28 Juillet. Le dimanche, il ne fut question que du départ.

J'ai trouvé, me dit mon ami, un itinéraire qui, pour une première excursion, me paraît fort agréable. C'est un voyage dans la Haute-Savoie et dans la Suisse occidentale. J'avais tant entendu parler de la Suisse comme du Paradis terrestre, de la beauté des lacs, du pittoresque des montagnes, que j'acceptai avec empressement.

Nous regardâmes l'itinéraire et fûmes bientôt d'accord.

Le voici :

Paris à Fontainebleau. — Fontainebleau à Dijon. — Dijon à Mâcon. — Mâcon à Lyon. — Lyon à Voiron. — Voiron à Grenoble. — Grenoble à Modane. — Modane à Chambéry. — Chambéry à Aix-les-Bains. — Aix-les-Bains à Annecy. — Annecy à Genève. — Genève à Lausanne. —

Lausanne à Fribourg. — Fribourg à Berne. — Berne à
Bienne. — Bienne à Neuchatel. — Neuchatel à Pontarlier.
— Pontarlier à Besançon. — Besançon à Dijon. — Dijon
à Fontainebleau. — Fontainebleau à Paris.

Une partie de la semaine s'écoula en pré-
paratifs. Nous voulions réduire notre bagage
à sa plus simple expression. Une mallette, une
couverture, une gibecière en toile au côté, nous
parurent suffisantes.

A cela nous joignîmes: pour l'un, une
jumelle de marine; pour l'autre, une gourde en
cuir.

Plusieurs fois en voyage nous pûmes apprécier la nécessité d'un mince bagage. Ainsi
préparés, nous fîmes nos adieux à la famille,
et le vendredi 3 Août, à neuf heures vingt minutes du matin, nous prenions l'express pour
Paris. Il me semblait que je partais pour un
voyage au long-cours.

Ingrat que j'étais, je ne pensais guère à
ma mère, à ses inquiétudes: il le faut bien
avouer, mon voyage à cette heure m'occupait
entièrement.

A onze heures trente-cinq minutes, nous

arrivions à Paris, que je connaissais de longue
date. Nous mîmes au dépôt nos bagages et
allâmes déjeuner dans un restaurant, près de
la gare.

En sortant de table, nous allâmes nous
promener dans les nouveaux quartiers et sur les
boulevards, que je trouvai plus animés et plus
bruyants que jamais.

Nous rendîmes ensuite, dans l'après-midi,
visite à un ami de mon père. Cet excellent
homme nous invita à dîner. Son appartement
était Chaussée-d'Antin. Il voulut faire prendre
nos bagages, mais la gare étant très près
nous préférâmes y aller nous mêmes. Cela, disions-
nous, nous promènerait.

Après avoir retiré nos malles du dépôt,
nous chargeâmes un commissionnaire de nous
les apporter.

Arrivés devant le restaurant du Havre,
un embarras de voitures nous fit perdre de vue
notre porte-faix. Jugez de mon effroi, quand
mon ami me dit, en ne voyant plus notre
homme: hélas! à qui avons-nous affaire ?...
peut-être nous faudra-t-il retourner à Saint-

Etienne, faute de retrouver notre bagage. Cette pensée me fit frissonner; cependant j'eus une nouvelle lueur d'espoir, quand je sûs que Maurice lui avait dit : Chaussée-d'Antin. Si c'était un honnête homme, tout n'était pas encore perdu.

Pendant une demi-heure, nous attendîmes en vain.

Désespérés à la fin, ne voyant rien venir, nous nous disposions à aller faire notre déposition chez le commissaire de police, quand nous rencontrâmes notre homme.

Quoique de fort mauvaise humeur, je lui fis bon accueil; il n'en fut pas de même de son côté.

Vous ne pouviez pas, nous dit-il d'un ton bourru, marcher plus lentement. Ce ne fut qu'avec peine que nous parvînmes à lui faire comprendre que c'était à lui de nous suivre et non à nous de nous faire précéder.

Un pourboire fut néanmoins la récompense de sa probité.

Avant neuf heures, nous nous dirigeâmes vers la gare Paris-Lyon-Méditerranée, et bientôt

nous partions pour Lyon. Au retour, disions-
nous, nous visiterons Fontainebleau, Dijon et
Màcon.

Il ne faut jamais remettre au lendemain ce
que l'on peut faire le jour même. Je le reconnus
plus tard. Je n'ai pas vu Fontainebleau ; la Haute-
Savoie et la Suisse étaient pour le moment le but
de mes désirs.

Notre première nuit se passa en chemin de
fer. Après avoir dormi comme on peut le faire
dans un bon wagon de première classe, nous
arrivâmes à Lyon à six heures trente-neuf minutes
du matin, par un temps superbe.

N'ayant pas l'intention d'y séjourner longtemps, nous descendîmes à l'hôtel le plus voisin
de la gare, celui de l'Univers. Nous allâmes
ensuite à travers la ville, qui est la seconde de
France par son importance et sa situation. Il
serait superflu de décrire longuement Lyon, qui
est une ville bien connue ; chacun sait qu'elle est
traversée par deux grands fleuves : le Rhône et la
Saône. Nous suivons d'abord les bords du Rhône
en cheminant sous de belles allées ; puis, après
avoir vu les rues nouvelles, l'Hôtel-de-Ville et la

Préfecture, nous arrivons à la Saône que nous traversons sur un de ses nombreux ponts et nous gravissons la pente escarpée qui conduit sur les hauteurs de Fourvières.

Notre-Dame-de-Fourvières est l'objet d'une visite attentive.

Du clocher de cette église, qui domine entièrement la ville, on embrasse un superbe point de vue, qui se prolonge dans la vallée du Rhône. Quand le ciel est pur, on peut même voir le Mont-Blanc au bout de ce vaste horizon.

L'on découvre d'un côté, la Croix-Rousse; en face, Lyon, le Rhône, la Saône et la Guillotière; à droite et au-dessus de la ville, la jonction des deux fleuves et les forts commandant la vallée du Rhône.

La Croix-Rousse et la Guillotière sont deux faubourgs populeux habités par les nombreux ouvriers qui tissent la soie.

Nous remarquons qu'à côté de l'église actuelle de Fourvières on en bâtit une nouvelle qui aura les dimensions d'une cathédrale.

Je songeai alors au déjeuner qui nous attendait. Je mangeai pour la première fois du

Féra, sorte de poisson ressemblant à la petite truite et qui se pêche dans le lac Léman; son goût est particulier et agréable.

A onze heures trente-cinq minutes du matin, nous partions pour Grenoble, où nous avions l'intention de nous arrêter; mais pendant le trajet, nous changeâmes notre décision et résolûmes de pousser jusqu'à Chambéry.

En approchant de Grenoble, nous aperçûmes pour la première fois les cimes des Alpes dans le lointain. Je les saluai avec transport.

Après Grenoble, nous suivîmes longtemps la vallée de l'Isère, qui est remarquable à tous égards et pittoresque; des montagnes élevées la bordent de chaque côté, des forts disséminés en sont les gardiens vigilants.

Des petits ruisseaux coulent au milieu d'une prairie verdoyante, tout respire la fraîcheur; les pentes inférieures sont boisées et les cîmes dénudées se perdent dans les nuages.

Le paysage est devenu grandiose et semble nous préparer aux splendeurs que nous allons contempler dans la Savoie.

Nous voyons dans la vallée une station d'eaux:

c'est Allevard. Les malades doivent y respirer un air vivifiant.

C'est bien situé, mais un peu triste. Comme nous sommes en bonne santé, nous passons.

A cette station d'Allevard, nous apercevons trois touristes, sac au dos, le grand bâton ferré à la main, la gourde en sautoir et chaussés de gros souliers avec la guêtre de cuir. Ce sont sans doute, me dit Maurice, des membres de l'Alpen-Club, dont le siége est à Genève.

Cette association, composée d'excellents marcheurs, a pour but d'encourager les explorations à travers l'immense chaine des Alpes. Elle se compose de botanistes, de géographes et de simples curieux qui aiment les courses à pied, à travers des contrées intéressantes à tous égards.

Notre voyage jusqu'alors s'est fait à grande vitesse et sans arrêt; notre but étant d'arriver vite dans la Savoie et dans la Suisse.

C'est là oo qui nous a fait négliger les villes françaises, dignes cependant d'être visitées.

Nous n'avons fait encore qu'une course en chemin de fer, mais nous allons entrer en Savoie et commencer véritablement notre voyage.

Chapitre II.

SAVOIE. — HAUTE-SAVOIE.

Nous arrivons dans la soirée à Chambéry. L'aspect du chef-lieu de la Savoie nous paraissant triste et Aix-les-Bains n'étant pas très éloigné, nous résolvons d'y aller coucher.

Partis le 3 Août, nous voilà le 4, à huit heures du soir, à Aix-les-Bains. Si nous continuons ainsi, dis-je à mon ami, dans quatre jours nous serons de retour. Rassure-toi, me dit-il, nous allons modérer notre allure. Nous voilà dans les lieux que nous voulons explorer, nous irons désormais plus lentement.

2

Je respirai, car je brûlais de me sentir sur cette terre nouvelle pour moi.

A Aix-les-Bains, ne connaissant personne, ne sachant où aller, je m'adresse à mon livret Chaix, qui me répond : Hôtel de l'Europe. J'y suis descendu sans hésiter et m'en suis bien trouvé. Nous y couchons.

Le lendemain, à six heures, nous visitions ce petit endroit vraiment charmant, le Trouville des stations thermales. On y voit deux sources minérales, chaudes et sulfureuses, que l'on emploie pour bains et douches; beaucoup de beau monde, des cavaliers, des amazones, des ânes caparaçonnés et quelques élégants équipages.

Aix-les-Bains est devenu le rendez-vous à la mode depuis l'annexion de la Savoie à la France. Tout y est gai, propre, bien bâti. Poste, télégraphe, éclairage au gaz, rien n'y manque.

Je passe près d'un joli châlet, appartenant à Mme Ratazzi, la femme du ministre italien.

Le toit disparaît sous les fleurs et le feuillage qui l'enveloppe, et il est entouré d'un petit jardin ravissant qui s'ouvre sur une belle allée de platanes.

Le lac du Bourget, que nous avions aperçu la veille au soir, est à peu de distance d'Aix-les-Bains, c'est un but de promenade pour les touristes. Des loueurs de bateaux nous offrent leurs services que nous ajournons : nous partions pour Annecy.

A une des stations du parcours, à Rumilly, nous voyons une grande affluence de public attiré par une fête musicale. Deux volontaires, montent dans notre compartiment; sous le modeste uniforme du soldat de l'infanterie de ligne, nous reconnaissons deux hommes bien élevés et s'exprimant très bien. Grâce à leur obligeance, nous avons pu admirer les gorges si renommées du Fier, sur lesquelles ils ont appelé notre attention.

Imaginez un précipice large de 8 à 10 mètres seulement dans certains endroits. Au fond et à une profondeur de 100 pieds, coule un torrent qui donne naissance à une série de cascades se brisant sur des rochers jetés çà et là. Enfin, ce qui donne à ce tableau un cachet particulier, c'est le train passant au sommet du rocher et les voyageurs penchés à la portière pour admirer ce paysage d'un aspect étrange. Je n'avais jusqu'alors rien vu de semblable en Normandie ou en Bretagne, les seuls pays que j'aie habités. J'appris par nos volontaires que les savoisiens ne sont pas encore français de cœur. Je fus édifié à cet égard, quand l'un d'eux me dit : « Nous avons été tellement ballotés, que nous ne savons à quelle patrie nous appartenons : Je ne suis ni italien, ni français, je suis savoisien. »

La conversation nous mena jusqu'à Annecy. Là, je demandai, comme j'avais l'habitude de le faire, le meilleur hôtel. On m'enseigna l'hôtel d'Angleterre et l'hôtel Verdun. Le dernier ayant vue sur le lac, ce fut là que je descendis et je m'y trouvai bien.

Notre première visite fut pour le beau lac aux eaux bleues, miroitant sous les rayons d'un soleil ardent.

Deux bateaux à vapeur sont rangés près des quais. En face, toute une flottille de canots de plaisance pour les promeneurs.

De belles allées ombreuses nous conduisent à la ville.

Nous commençons par la cathédrale, qui est du XVIᵉ siècle. Maurice me fait remarquer un tableau qui est dans le chœur. Il est très beau et de l'école italienne.

Je visite ensuite Notre-Dame-de-Liesse, reconstruite dans le style Renaissance : le clocher est Romano-Bizantin.

Je vois ensuite, rue Royale, le couvent de la Visitation, dont la chapelle possède le corps de saint François de Sales et de sainte Jeanne de Chantal. Dans la chapelle de ce couvent, il y a un magnifique maître-autel en marbre blanc donné par la reine Marie-Christine.

La caserne d'Annecy est un ancien château qui, au dire de notre guide, date du XIVᵉ siècle. Dans le jardin public se trouve la statue de Berthollet, qui a été faite par Marochetti en 1843. Le piédestal est orné de très beaux bas-reliefs représentant des épisodes de la vie du célèbre chimiste.

A quelque distance du lac existe le vieux château de Menthon, qui, à en juger par une inscription placée sur le devant de la porte, a la prétention d'être antérieur à Jésus-Christ. Ce qui est plus certain, c'est que Menthon est la patrie de saint Bernard.

Dans les environs, à Albigny et à Annecy-le-Vieux, il y a, dit-on, de nombreuses antiquités romaines.

Annecy, chef-lieu de la Haute-Savoie, est une

ville ancienne, qui a conservé son caractère d'autrefois. Son aspect rappelle un peu (comme je l'ai vu
plus tard) celui de la ville de Berne.

Les rues sont étroites et tortueuses, les maisons
sont à arcades, sous lesquelles circulent les piétons.
Sous ces arcades sont les boutiques avec leur modeste étalage.

La vieille ville est dominée par un édifice flanqué d'une grande tour carrée, style Moyen-Age
assez sévère. Cette tour est l'ancienne prison de
la ville.

La ville neuve se rapproche du lac. Là se trouve
l'Hôtel-de-Ville, le jardin public et la Préfecture
de construction récente, qui a une très belle vue
sur le lac et les collines voisines.

D'Annecy nous désirons gagner Chamounix.
On nous enseigne assez mal la route. Nous nous
lançons à l'aventure et nous embarquons sur le
bateau à vapeur qui fait le service du lac.

Le lac d'Annecy a quatorze kilomètres de
longueur sur trois kilomètres environ de largeur.
Ses eaux sont d'un bleu indigo. Ses rives ver-
doyantes et aux pentes douces, sont bordées de
châteaux et de jolis villages.

On aperçoit de loin, à gauche, une montagne très élevée appelée la Tournette (2,337 mètres), dont le sommet aride est comme crénelé. Sur l'autre rive est situé Talloires. Là, se trouve la maison où est né Berthollet, en 1748. On arrive ensuite au Bout-du-Lac, à Doussard, petit hameau où nous descendîmes.

Il faut une heure et demie pour faire le parcours en bateau. Nous arrivions au Bout-du-Lac à trois heures; la diligence pour Ugine ne partant qu'à six heures, nous avions trois heures à nous. Que faire, dans un pays de cinquante habitants?

Nous regardions de tous côtés, quand, à un kilomètre, nous apercevons un petit village au pied de la montagne. Nous voulons le visiter. C'était la Thuille, où fut jadis le château de saint François de Sales. Nous trouvons en arrivant un brave homme lisant une proclamation quelconque du Maréchal-Président. Il vit à notre costume que nous étions des touristes et nous offrit complaisamment de nous guider, ce que nous acceptâmes volontiers.

Nous franchissons d'abord un petit pont, sous

lequel coule un ruisseau, qui, après avoir recueilli
à travers la prairie quelques minces affluents, va
se perdre dans le lac.

Nous gravissons ensuite un sentier assez
escarpé, qui longe quelques châlets des plus rus-
tiques, et nous arrivons à l'endroit où ce frais ruisseau sort en murmurant de la montagne. Nous
goûtons dans le creux de la main cette belle eau
transparente comme le cristal et froide comme la
glace : sa saveur est excellente. Nous retrouverons
souvent dans les montagnes des sources semblables à proximité de chaque châlet, où on
les recueille pour les besoins du ménage et de
l'étable.

Puis nous allons nous asseoir sous un groupe
de grands châtaigniers et nous contemplons
longuement le beau paysage qui se déroule à nos
yeux.

Le lac brille dans le fond à gauche; en face, une
chaîne de montagnes nues et grisâtres, dont la
Tournette est la plus haute cime; à droite, Faverges,
dont on aperçoit le clocher dans le lointain; à nos
pieds, les châlets et le clocher du village de la
Thuile.

Notre guide nous montre en descendant ses clos de vignes sur une pente très inclinée, et ses verts pâturages semés de châtaigniers. J'appris ainsi qu'il était propriétaire et de plus membre du conseil municipal.

Je trouvai dans ce brave homme un type excellent des savoisiens, qui sont polis, complaisants et parlent le français le plus pur.

Je rejoins Maurice qui visitait l'église que nous trouvâmes jolie et très bien entretenue, comme toutes celles que nous verrons ensuite dans nos courses à travers les montagnes.

Nous allâmes ensuite visiter la ferme qui occupe l'emplacement de l'ancien château de la Thuille.

De la demeure de saint François de Sales, il ne reste que quelques pans de murs informes, sans aucun caractère architectural.

Quelques pas plus loin, me trouvant devant une ouverture qui paraissait donner accès à un ancien souterrain, j'eus la curiosité de l'explorer et, allumant une petite bougie qui faisait partie de mon menu bagage, je pénétrai dans cette gorge affreusement noire et obstruée de broussailles.

En parcourant cette galerie voûtée, je reconnus

que c'était tout simplement la cave de l'ancien château. J'en fus pour mes frais d'imagination.

Avant de prendre congé de notre obligeant cicérone, nous entendîmes de lui plusieurs détails intéressants sur les mœurs de ces paysans industrieux qui savent se suffire à eux-mêmes, et fabriquent pendant les longs mois d'hiver tout ce qui leur est nécessaire.

En revenant au bord du lac, nous entrons dans une petite auberge pour nous rafraîchir. La journée avait été brûlante.

Nous nous trouvons dans la salle avec six jeunes savoisiennes, de quinze à dix-sept ans. Maurice me fit remarquer leurs yeux, qui sont bien beaux : ils sont bleus et doux, regardent tout droit, sans hésitation, sans fausse timidité, avec une confiance qui plait et qui sent l'honnêteté.

Ce furent elles qui nous renseignèrent sur la route que nous allions suivre et sur ce que nous devions remarquer.

Après les avoir remerciées, nous montâmes dans la diligence qui, à l'arrivée du dernier bateau d'Annecy, fait le service pour Albertville. Ugine, où nous devions descendre, était une des stations.

Nous grimpons sur l'impériale pour mieux voir. La route que nous suivons est très belle et bordée de grands arbres ; nous arrivons sans incident à Faverges, petite ville de 3 ou 4,000 habitants. On nous fait remarquer des filatures et fabriques de soie qui se trouvent sur les Eaux-Mortes ; nous ne nous y arrêtons que cinq minutes pour changer de chevaux.

A un kilomètre en amont de Faverges, je fis remarquer à Maurice la cîme argentée du Mont-Blanc. Je le voyais là pour la première fois et il nous paraissait assez rapproché à cause de sa blancheur et de son altitude.

Ce n'est qu'à huit heures du soir que nous arrivons à Ugine.

Nous avions parcouru depuis Faverges un chemin délicieux, de hautes montagnes bordent la vallée qui est très riante. Après Faverges, je revois le Mont-Blanc. Ce géant des montagnes de l'Europe apparaît aux regards dans un rayon de quarante à cinquante lieues.

Regardez, messieurs, nous dit tout-à-coup un des voyageurs, qui était un touriste anglais : « Voici une cascade qui paraît fort belle. » Tous les regards se portent du côté indiqué, on cherche partout, on

ne voit rien. Là, mais là, reprend-il avec obsti-
nation. Alors seulement on croit comprendre, et
les plus irrévérencieux partent d'un franc rire qui
se communique rapidement.

Sa cascade était tout simplement de la fumée,
sortant de la cheminée d'un charbonnier.

Notre anglais, honteux et confus, jura, mais
un peu tard, qu'on ne l'y prendrait plus...

Nous entrons ensuite dans des gorges profondes : le spectacle est grandiose et étrange. Partout
de hautes montagnes ; l'on paraît encaissé dans un
réseau de rochers d'une altitude imposante, chacun
semble se dire : comment avancer. Nous appro-
chons de remparts naturels et la diligence va
toujours. La route fait un coude brusque et un
passage que personne ne soupçonnait s'offre alors
à nos regards.

Nous entrons dans une gorge nouvelle : même
spectacle. Nous paraissons circuler dans un laby-
rinthe de montagnes.

Je n'ai jamais revu dans mon voyage une route,
praticable aux voitures, d'un aspect aussi sauvage.

C'est ainsi que nous parvenons à Ugine, où
nous devons descendre.

Ugine est située au pied du mont Charvin qui a 2,414 mètres. Notre auberge, qui est l'hôtel Carrin, est plus bas qu'Ugine, qui se trouve un peu sur la hauteur.

Après avoir visité la ville et nous être réconfortés, nous nous couchons, prêts à partir le lendemain de grand matin.

Ugines, avec ses 2,800 habitants, est un petit pays isolé dans un coin de la Savoie. Il offre au voyageur un spectacle unique en son genre. On se croirait au bout du monde.

Un fortin en construction, situé, comme un nid d'aigle, sur une haute cîme, domine la route qui tourne à droite, pour aller à Albertville, et celle en construction d'Ugine à Flumet.

A deux pas de là, coule un petit torrent, où l'on a pêché les truites qui nous ont été servies ; il fait mouvoir une scierie à bois de sapin et un moulin à blé.

On nous raconte qu'Ugine fournit à Paris un certain nombre de cochers qui vont y amasser un pécule. Ils reviennent ensuite au pays, achètent un petit domaine et deviennent rentiers et même conseillers municipaux.

Sur le flanc du coteau, nous remarquons des plans de vignes maintenus par des pierres sèches et que l'on ne peut cultiver qu'en transportant tout à dos d'homme. Le vin de ce cru, que nous avons goûté en dînant, est très potable.

L'aspect de cette petite ville, avec gendarmerie, justice de paix, pharmacie, etc., est des plus sévère. Elle couronne une colline en forme de cône tronqué, et quand la neige vient intercepter pendant six mois toutes les communications, il faut la nature placide des savoisiens pour trouver au milieu des travaux sédentaires le moyen de passer sans ennui les longs hivers des contrées alpestres.

Le lendemain, nous partions à cinq heures du matin, avec deux mulets et deux guides.

Après avoir ficelé nos bagages sur les mauvaises selles des mulets, nous enfourchâmes nos montures.

C'était la première fois que j'employais ce moyen de locomotion, qui est très agréable et le seul possible dans les sentiers de montagne que nous allions parcourir.

Nous suivons tout d'abord une vallée large d'environ 100 mètres, semée d'un certain nombre d'habitations et au fond de laquelle coule un torrent qui vient de Flumet.

Nous laissons, sur la droite, une scierie mise en mouvement par un bras du torrent que l'on a dérivé et canalisé. Mais au bout d'une demi-heure, la gorge se rétrécit et la route, large de cinq mètres, se trouve resserrée entre la roche et le torrent. Cette route qui a été faite à coups de mine a présenté les plus grandes difficultés. Souvent les ingénieurs ont dû changer de côté, la mine étant insuffisante pour faire la trouée.

Des ponts nombreux se succèdent sur le torrent et établissent la communication.

Dans chaque pont, je remarque une plaque en fonte recouvrant une boîte à mine qui permettrait de le faire sauter rapidement en cas de guerre.

Cette gorge, connue sous le nom de vallée de l'Arly, est beaucoup plus belle et plus grandiose que celle du Fier, qui n'en est guère qu'un diminutif. Le torrent qui mugit', encaissé entre deux hautes montagnes, lui donne l'aspect le plus sauvage, mais cet endroit est peu visité, les moyens de transport étant très difficiles.

Après avoir suivi cette route pendant quatre kilomètres, je la quitte à mon grand regret. Nous étions arrivés à l'endroit où elle est encore inachevée.

Nous prenons l'étroit sentier qui s'élève sur le flanc de la montagne, il est large d'un mètre et fort mal empierré.

Nous traversons des bois de châtaigniers; plus nous nous élevons, plus le panorama devient vaste. A nos pieds, coule le torrent dont nous entendons le fracas; devant nous, des sapins séculaires, de verts pâturages, des châlets et, partout, des filets d'eau limpide. La nature est tout à la fois grandiose et riante par ce beau jour d'été.

Plus haut, un petit village avec un pont sur un petit torrent qui tombe en cascades et rejoint l'Arly, puis une église et un presbytère tout neufs.

Depuis l'annexion de la Savoie, la France y crée des routes à grands frais, restaure les églises, etc., donnant certainement à ce pays plus qu'elle n'en reçoit. Dans peu d'années, on pourra circuler en diligence dans cette sauvage vallée de l'Arly, où

les piétons même ne pouvaient passer précédem-
ment.

Le chemin que nous suivons devient de plus
en plus difficile. Je peux apprécier alors les mulets à
leur juste valeur. Je me retourne pour en faire l'ob-
servation à Maurice. Il était encore bien loin derrière moi.

Pendant qu'il me rejoignait, j'examinai son
mulet qui était gros et fort. Par un singulier
contraste, le mien était maigre et sec comme un
clou. Tu vas bien vite, me dit mon ami, mon mulet
est beaucoup plus fort que le tien, et cependant tu
me laisse en arrière. Quel moyen emploies-tu ? Un
seul, lui dis-je, je lui crie : hue, Roussillon ! et le
voilà parti. Moi, reprit mon ami, je lui dis pour le
flatter : allez, La Biche ! mais hélas ! il n'a point
d'amour-propre.

Nous arrivons ainsi à Héri, situé à 928 mètres au-dessus de la vallée. Eglise charmante,
entourée d'une place d'où l'on voit une jolie
cascade sur la pente du mont Pravechen.

Nous marchons depuis deux heures et, pendant
plus d'une heure, nous parcourons des chemins
impossibles. Les mulets n'ont point fait un faux

pas. L'un des guides voyant notre étonnement, nous dit : oh ! messieurs, ce n'est rien, bientôt vous allez descendre des pentes extrèmement rapides et toutes semées de roches ; c'est alors que vous connaîtrez la valeur de nos bêtes.

Il avait à peine achevé, que nous arrivions à une côte à pic et jonchée de blocs de granit jetés pêle-mêle en guise de pavage.

Pour compléter ce tableau, nous avions à notre droite un vide de 1,000 pieds. Voyant cette descente, Maurice, en garçon prudent, mit pied à terre et laissa La Biche descendre sans cavalier.

Moi, après avoir encouragé ma noble bête et lui avoir crié d'une façon encore plus tonnante que les précédentes : hue, Roussillon ! je m'abandonnai à sa prudence, ne voulant pas entacher la réputation de mon mulet.

J'espère qu'il a dû être très flatté. En tous cas, il n'a point failli à l'honneur. Nous sommes arrivés vaillamment au bas de cette descente, où tous deux nous nous étions couverts de gloire, et ce n'est pas sans un certain orgueil que nous nous retrouvons dans le bon chemin, mon excellent mulet n'ayant pas bronché.

Nous arrivons à Flumet à dix heures du matin, par un soleil brûlant. Il y avait quatre heures et demie que nous voyagions à dos de mulet; nous avions les reins brisés et la sueur coulait sur nos fronts.

Nous payâmes nos guides et fîmes nos adieux à nos bêtes.

Nous déjeunons de bon appétit et visitons ce petit pays qui possède un notaire, un bureau de poste, etc. Les rues sont montueuses et pavées de galets arrondis qu'on a pris dans le lit du torrent.

Sur la hauteur, on construit un pont en granit, d'une seule arche, et destiné à relier deux montagnes séparées par un vide de 50 à 60 mètres, que la route en construction doit franchir.

Ce pont aura près de 100 mètres de hauteur et passera sur le torrent que j'avais admiré et suivi d'abord en sortant d'Ugine. On a établi un câble d'une rive à l'autre, et, au moyen d'un petit cadre roulant, on envoie les matériaux. En notre présence un ouvrier se lance ainsi dans le vide et vient descendre à nos pieds. Je trouve l'exercice périlleux.

Je visite ensuite l'église qui est très propre et gaie. Les savoisiens étant d'une grande piété, met-

tent, je crois, leur luxe à avoir de belles églises.
Le gouvernement français paraît l'avoir d'ailleurs
compris ainsi, car il y a fait de grands frais.

A midi, nous partions dans une carriole dis-
loquée et des plus primitives. C'était tout ce que
nous avions pu trouver.

Une planche ne tenant à rien, était notre seul
siége : à chaque ornière, nous allions de l'avant à
l'arrière, mais nous en aurions facilement pris
notre parti, si nous n'avions eu un détestable
conducteur. Il était à moitié ivre.

A un kilomètre à peine de Flumet, il nous força
de mettre pied à terre pour monter la côte. C'est une
brute, me dit mon ami, descendons pour être tran-
quilles : la montée doit être raide, mais peu longue.
Il se trompait, nous ne fûmes en haut qu'au bout
de quinze minutes.

Un peu plus loin, il voulut encore nous faire
descendre, mais cette fois ce fut en vain.

Nous avons loué votre voiture pour être por-
tés, lui dîmes-nous, et non pour aller à pied ; nous
ne descendrons plus. Il devint tellement grossier
que nous fûmes obligés de l'inviter à se taire, et
cela d'une manière énergique.

Nous avions affaire à un mauvais homme,
nous le vîmes bien, mais sans nous laisser intimi-
der. Il s'en aperçut; car, sur un geste de Maurice,
des plus significatifs, et voyant notre attitude réso-
lue, il tourna la tête et garda le silence.

Cet incident ne nous empêcha pas d'admirer le
splendide paysage qui nous entourait, et qui avait
un caractère moins sauvage, puisque l'œil s'y repo-
sait agréablement sur des pentes cultivées ou de
belles prairies dont on faisait les foins. Ce sont des
femmes qui fauchent les foins et les blés dans
ces campagnes.

La route traverse plusieurs petits villages avec
des clochers d'une forme particulière. Çà et là nous
remarquons des scieries et de grands amas de troncs
de sapins. Ces arbres, qui couvrent les pentes les
plus abruptes des Alpes, tombaient autrefois sous
l'effort du vent et pourrissaient sur le sol. Aujour-
d'hui on commence à les exploiter. La nature a placé
partout le filet d'eau qu'on utilise pour faire mouvoir de grandes roues et des scies mécaniques. Les
plus gros troncs se divisent en planches que de
meilleures routes permettent de porter jusqu'aux
villes voisines ou aux gares de chemins de fer. C'est

l'industrie naissante dans ce pays. Qu'on fouille le sol et qu'on y découvre le minerai, la métallurgie pourra apparaître à son tour.

Le plateau que nous parcourions se trouve à une très grande hauteur, puisque Mégève est à 1,125 mètres au-dessus de la vallée. Cette route de Flumet à Mégève est à peine praticable pour une voiture étroite, il serait cependant possible de la rendre carrossable sans rencontrer de grandes difficultés de terrain.

A Mégève nous nous séparâmes de notre brutal conducteur et acceptâmes les services d'un autre voiturier, qui nous offrit un bon cheval et une voiture passable. Pendant qu'on préparait notre nouvel attelage, je visitai le pays avec Maurice. C'est un joli village, coupé par un petit torrent, d'assez pacifique apparence. L'église, qui possède un clocher de forme assez bizarre, a été nouvellement restaurée. On a peint à fresques des dessins imitant la sculpture qui fait défaut.

Sur les flancs de la montagne, à 50 ou 60 mètres plus haut que Mégève, se trouve ce qu'ils appellent le Calvaire.

C'est une chapelle où vient aboutir un Chemin

de Croix qui longe la route que nous allons suivre pour aller à Sallanches, en passant par Combloux.

En effet, nous dépassons une série de petites chapelles en pierre, distantes entr'elles de 150 à 200 mètres qui forment chacune des stations.

Nous traversons le village de Combloux, où rien ne fixe notre attention. Notre conducteur, beaucoup plus convenable que le précédent, nous laissait causer à notre aise.

Nous le faisons arrêter pour admirer un panorama nouveau. C'est une fort belle vue des Alpes, à gauche, et avec la vallée de Sallanches, à droite. Nous y arrivons par une très longue descente, en pente assez douce et bordée de châtaigniers, sur une longueur de 5 à 6 kilomètres.

Cette route de Mégève à Sallanches, est on ne peut plus agréable et bonne.

On descend toujours en parcourant un pays charmant, encadré dans les hautes cimes qu'on aperçoit au fond, et qui avaient à cette heure une teinte très sombre.

Nous apprîmes plus tard qu'il existe un chemin beaucoup plus court et moins fatigant : c'est d'Annecy à Bonneville, de Bonneville à Chamou-

nix. Mais, quand on est jeune, quand un peu de
fatigue n'intimide pas, il vaut mieux aller par Ugine,
Flumet, Mégève et Combloux ; la route est plus
pittoresque, les moyens de locomotion plus étranges
et plus agréables pour des touristes, qui veulent
connaître la Savoie sous son véritable aspect.

Sallanches est une ville à peu près insignifiante,
seulement ses rues sont spacieuses et bien tenues.
On a une très belle vue sur le Mont-Blanc et les
aiguilles qui l'entourent.

Nous louons une autre voiture et partons pour
la vallée de Chamounix. Nous voyons, à une lieue
de là, le chemin des bains de Saint-Gervais. Station
d'eaux fréquentée.

Nous nous arrêtons au bas de la montée et,
dix minutes après, nous arrivions au Casino.

L'établissement peut contenir 400 personnes.
Il y a salle de réunion et bibliothèque.

Les eaux minéro-thermales, découvertes en
1806, sont employées en bains, douches et bois-
sons.

Les sources principales sont au nombre de
quatre :

Source du Torrent,

Source du Milieu,

Source d'Inhalation,

Source Ferrugineuse.

Les bains de Saint-Gervais sont situés au fond d'une gorge sauvage d'où sort le Bon-Nant. La cascade inférieure se trouve derrière les bains. Pour les collectionneurs minéralogistes, il y a des carrières de jaspe aux environs.

Après cette exploration, nous remontons dans notre voiture et continuons notre voyage.

A dix minutes de Saint-Gervais, se trouve le pont sur le Nant-des-Gibloux. La route, taillée dans le roc, à certains endroits faite à coups de mine, suit une pente douce pendant 2 kilomètres pour s'élever au-dessus de l'Arve, rivière large et rapide.

En se retournant, on voit un merveilleux panorama. A ses pieds, un roc à pic très élevé ; au pied de ce roc, coule l'Arve aux eaux impétueuses et mugissantes ; à gauche, le châlet de Saint-Gervais avec sa tour belvédère ; devant soi, une vallée verdoyante.

Sallanches apparaît dans le fond, et une montagne, d'où s'échappe une jolie cascade, termine ce splendide point de vue qu'on ne se lasserait pas d'admirer.

La route change ensuite brusquement de direction, pour entrer dans un coin plus sauvage.

C'est une gorge profonde, rocheuse et couverte de pins séculaires, puis un vallon de prairies et de vergers que l'on côtoie pendant quelques kilomètres.

Au bout de deux heures, nous trouvons une halte, appelée Chatellard, où il y a un relais et une buvette.

A trois minutes de cette maisonnette, le tunnel Chatellard, construit sous Napoléon III, donne passage à la route qui rencontre à cet endroit un rocher énorme.

Au bout de ce tunnel, qui est long de 80 mètres, nous visitons une galerie construite par les Romains, qui a été découverte en perçant la voûte.

On se demande quels outils ils ont dû employer pour faire un pareil travail.

C'était évidemment un passage destiné à éviter un long détour. Il est large d'un mètre et haut de deux. Il décrit une ligne légèrement courbée.

Plus loin, la route tortueuse est faite dans

le roc, toujours à l'aide de la mine, et longeant souvent de très près le torrent.

Nous découvrons, en arrivant à Chamounix, les glaciers de Gria, de Tacconay et des Bossons.

Nous traversons le pont de Pérolataz, sur l'Arve qui gronde au-dessous.

Enfin, nous arrivons à Chamounix à neuf heures du soir. Nous sommes partis d'Ugine à cinq heures et demie du matin.

On peut donc s'écrier avec Maurice :

Non licet omnibus adire Chamounix.

Nous sommes brisés; il y a quinze heures que nous avons quitté Ugine, et, continuellement, nous avons voyagé soit à mulet, soit en voiture. Nous n'avons perdu que le temps nécessaire au déjeuner.

En frais de transport seulement, nous avons payé 72 fr. Que l'on dise maintenant que les savoisiens des montagnes ne connaissent pas le prix d'une pièce d'or.

A Chamounix, nous descendons au meilleur hôtel, qui est celui de Londres et d'Angleterre.

Nous nous couchons avec bonheur après notre repas du soir, et nous faisons une nuit que je laisse à apprécier.

Bien que fatigués au dernier point et engourdis par le mouvement perpétuel de nos voitures, nous sommes contents de notre journée, ayant pu étudier sous leurs divers aspects, les montagnes de la Savoie, et ce pays peut rivaliser avec la Suisse.

Le lendemain matin, à six heures, nous ouvrons nos fenêtres et, devant nous, se dresse le Mont-Blanc, dont la cime est vivement éclairée par le soleil levant.

Nous allons sur la place, où nous nous procurons le plaisir de regarder dans un gros télescope braqué sur la montagne.

Le sommet, qui est en forme de cône arrondi, est d'une blancheur éblouissante et semble se rapprocher en raison de son altitude, qui est de 4,800 mètres, c'est-à-dire le point le plus élevé de l'Europe.

A l'œil nu, nous distinguons les trois Roches-Noires, situées à mi-chemin, et derrière lesquelles s'abritent le châlet des Grands-Mulets. Vue ainsi, la montagne semble très accessible avec ses pentes revêtues de neiges éternelles : on est tenté de s'élancer pour les gravir, car on ne voit pas les abîmes sans fond, les crevasses effrayantes, les plaines de glace qu'il faut franchir, les avalanches qu'il faut craindre, le sol glissant et les étroits sentiers qui bordent les précipices.

A l'aide du télescope, nous apercevons le drapeau qui flotte au châlet des Grands-Mulets et, à une plus grande hauteur, quatre personnes, qui, parties de la veille, font l'ascension du mont.

C'est alors que Maurice m'explique que les premières ascensions ne remontent qu'à 1786. La première fut accomplie par le docteur Paccard, accompagné du guide Jacques Balmat ; puis, au mois d'août 1787, eut lieu celle de M. de Saussure, qui, parti de Chamounix avec son domestique, était accompagné de dix-huit guides, portant des échelles, des cordes, des perches, une tente, des haches et des instruments de physique.

Ce fut seulement le troisième jour que les voyageurs arrivèrent sur la cime, car dans la dernière partie de l'ascension, la pente était si rapide et la neige si dure, que ceux qui marchaient en avant, étaient obligés de se servir de la hache, pour y tailler des espèces de marches.

M. de Saussure passa cinq heures dans sa tente, sur le sommet glacé. Le ciel était d'un bleu très foncé et, à l'ombre, on voyait les étoiles. A midi, le thermomètre exposé au soleil marquait 2 degrés 1/2 réaumur au-dessous de zéro, tandis qu'à Genève, il était à 22 degrés au-dessus de zéro. La dépression barométrique indiquait une altitude de 2,460 toises. L'horizon immense se déroulait avec un rayon de 50 à 60 lieues.

Aujourd'hui, l'ascension se fait en deux jours, avec trois guides seulement, et coûte 250 fr. Le premier jour, on va coucher aux Grands-Mulets, et le lendemain, après avoir gravi la cîme avant midi, on peut revenir coucher à Chamounix.

A partir des Grands-Mulets, l'ascension est difficile et le touriste est réuni par une corde à ses trois guides, qui veillent sur lui et le soutiennent dans les endroits glissants.

Des marches ont été taillées dans la glace, et, avec de bons jarrets, de larges poumons et du sang-froid, on ne court pas trop de dangers.

Cette ascension du Mont-Blanc, qui se répète presque chaque semaine dans la belle saison, est devenue un plaisir et je me propose de la faire, lorsque je reviendrai plus tard visiter cette belle vallée de Chamounix.

Après avoir contemplé tout à l'aise le Mont-Blanc, nous décidons d'aller faire une excursion au Montenvers et à la mer de glace.

De toutes parts, nous rencontrons des groupes animés, hommes et femmes avec le bâton ferré de rigueur, se dirigeant vers les différents buts d'excursion dont on a le choix.

La plupart des excursionnistes sont juchés sur des mulets; quelques hommes ont préféré cheminer à pied malgré la chaleur qui est très grande.

Après un déjeuner rapide, nous partons à notre tour avec un mulet et un guide. Maurice enfourche la monture; pour moi, confiant dans la vigueur de mes jarrets, j'ai voulu aller à pied.

Nous quittons Chamounix en laissant derrière nous le glacier des Bossons, qui brille comme un diamant sous les feux du soleil. On s'y rend par un joli sentier à travers une prairie, puis un bois de sapins.

Le chemin que nous suivons arrive bientôt au pied de la montagne qu'il côtoie en zig-zag. La pente est assez douce et je cours, sautant d'une roche à l'autre, malgré la sueur qui perle sur mon front.

Le soleil est ardent et nous perce de ses

rayons à travers les branches des sapins qui crois-
sent librement entre les fentes des rochers. Au fur
et à mesure que l'on s'élève, le regard charmé
contemple dans ses détails la vallée de Chamounix,
qui est bornée au fond par le village d'Argentière et
les glaciers du même nom. En face, le Brévent,
montagne grisâtre et désolée qui sert souvent de
but d'excursion aux touristes qui vont chercher un
nouvel aspect du Mont-Blanc.

J'avais voulu aller à pied et je me croyais
infatigable. Mais je n'étais pas arrivé au quart
de la montée, que j'étais en nage et haletant. Je
commençais à regarder au-dessus de moi; nous
étions encore bien loin du sommet.

A moitié route, je saisissais la crinière du
mulet; aux trois quarts, j'avais pris modestement
la queue, au grand plaisir de Maurice, qui montait
tranquillement assis. Néanmoins, je tenais bon et
nous approchions du but.

Nous avions rejoint plusieurs caravanes che-
vauchant à mulet. Parmi les quelques piétons, nous
remarquons une femme encore jeune et douée d'un
assez bel embonpoint. Elle regrettait, comme moi,
d'avoir trop compté sur ses forces.

Après deux heures et demie d'ascension, nous arrivions au Montenvers.

J'étais épuisé, mais bien vite je revins à moi quand je vis la grandeur de la scène qui se déploya spontanément devant mes yeux.

La vue des masses énormes, nues et décharnées qui s'élèvent de toutes parts ; l'aspect de cette mer de glace dont les vagues sont sillonnées de crevasses profondes, le silence absolu qui règne dans ce vaste désert, tout concourt à faire sur le voyageur étonné une impression d'admiration difficile à décrire.

J'oubliais momentanément les fatigues de la route, à la vue de ce spectacle grandiose qui est unique au monde.

Après m'être rafraîchi à une petite auberge qui se trouvait là, je m'apprêtai à traverser la mer de glace, à laquelle on descend par une pente assez rapide de 2 à 300 mètres.

Prêt à m'engager sur le premier glaçon, un homme se présenta à moi, et me dit : Monsieur, il y a ici un écho merveilleux, seriez-vous désireux de l'entendre?

Sur ma réponse affirmative, il mit le feu à un

canon, et un bruit formidable se répercuta plusieurs fois dans les montagnes. L'écho était superbe
en effet.

C'est ainsi que je fis saluer mon arrivée à la mer
de glace.

La mer de glace se termine en forme de cirque
bordé de hautes montagnes. Ce sont les aiguilles du
Grépon et du Charmoz, l'aiguille du Dru et l'aiguille Verte, qui a 4,127 mètres, dont le sommet,
est vierge encore, aucun homme n'ayant pu
l'escalader.

Le Montenvers dont j'ai fait à pied l'ascension
a 1,921 mètres. On ne s'étonnera donc pas de ma
fatigue.

On traverse la mer de glace en vingt-cinq
minutes. De bons bâtons ferrés sont indispensables
pour ne pas rouler dans les crevasses profondes,
qui se trouvent à droite et à gauche du voyageur.

Dans certains endroits, un faux pas coûterait la
vie. On nous dit que le niveau de la mer de glace
s'est abaissé de plus de 20 mètres depuis quelques
années, mais qu'il revienne des avalanches et puis
un froid vigoureux, et l'épaisseur primitive se refor-
mera.

En retrouvant la terre ferme, on suit une petite montée à pic, haute de plusieurs mètres ; là non plus il ne faudrait pas glisser.

Une demi-heure après, on arrive au profond ravin du Nant-Blanc, 2,091 mètres, dont on franchit le torrent sur une planche.

Cette cascade du Nant-Blanc est admirable.

Du haut des rochers les plus élevés, elle tombe avec fracas, rebondit sur les roches et va se perdre en mugissant, au bas de la mer de glace.

Du premier bond, qui est de 20 à 25 mètres, elle tombe sur un rocher, qu'elle a fini par creuser en forme de cuvette et d'où l'eau rejaillit, pour se réunir un peu au-dessous et se précipiter vers une nouvelle chute de 10 à 15 mètres de hauteur.

Après quelques minutes de marche par un sentier qui longe la mer de glace, on arrive au Mauvais-Pas. Ce passage est fort bien nommé.

Imaginez un rocher de près de 1,000 mètres, taillé à pic et sur lequel on a pratiqué un étroit sentier, large seulement de 30 à 40 centimètres et à pente rapide. Une rampe de fer est scellée dans la paroi abrupte ; de l'autre côté, c'est le vide, un vide de plus de 1,000 pieds, que l'œil mesure avec effroi.

Une fois engagé dans ce dangereux passage, il faut aller jusqu'au bout, car le retour en montée, offre encore plus de difficultés que la descente.

Nous avions rejoint à cet endroit une petite bande de voyageurs, dans laquelle se trouvaient plusieurs dames. Je me fis le protecteur de la plus timide ou de la plus poltronne, c'était aussi la plus jeune et la plus jolie ; je lui prêtai mon guide, pour la soutenir d'une main et protéger sa marche incertaine. Je donnerais 500 fr. pour être arrivée au bout, disait-elle dans sa frayeur.

Quant à moi, prenant au sérieux mon nouveau rôle, je la rassurais et trouvais ainsi moyen de me préserver moi-même contre le vertige et la peur.

Maurice allait hardiment en tête de la colonne et nous encourageait de la voix.

Au bout de vingt minutes, la terrible descente était achevée, nous arrivions au châlet du Chapeau, où chacun oubliait ses terreurs en prenant un breuvage rafraîchissant.

Ma jeune voyageuse rassurée, n'oublia pas de me remercier chaleureusement.

Je m'aperçois, en quittant la mer de glace, que j'ai oublié de la décrire.

Que l'on se figure la mer agitée, qu'un enchanteur survienne et d'un coup de baguette solidifie les vagues ; on aura la mer de glace. Elle est longue de 7 à 8 kilomètres et large de deux, encadrée dans un cirque immense, fermé de trois côtés par de hautes montagnes. Du côté de la vallée de Chamounix, la surface glacée s'incline assez fortement et l'on peut en voir sortir un torrent, l'Arveyron, qui va rejoindre l'Arve à 2 kilomètres plus loin. Je dois ajouter que l'épaisseur de la glace est énorme, puisqu'elle est de plusieurs centaines de pieds.

A peu de distance, la descente devient plus praticable et Maurice retrouve son mulet, qu'il avait quitté au sommet du Montenvers. Je suis obligé de revenir à pied, ma vaillantise me coûte cher, car nous avons encore 3 kilomètres à parcourir.

Je refuse fièrement les offres de mon ami, qui me proposait sans cesse sa monture, je ne voulais pas m'avouer vaincu. A six heures du soir, je rentrais à Chamounix brisé de fatigue. J'avais marché pendant huit heures.

De retour à notre hôtel, nous faisons une toilette en règle. Je rétablis mes forces par un dîner réparateur, et laissai ma fatigue au fond de mon dernier verre de chambertin.

Le lendemain, à sept heures du matin, nous devions prendre la diligence qui fait le service entre Genève et Chamounix.

Je ne quitterai pas ce charmant pays, sans en faire la description topographique.

Chamounix (dit aussi le Prieuré), est situé dans une vallée qui porte son nom.

Il est encaissé dans un réseau de montagnes très élevées. Au nord-est, par le col de Balme; au sud-ouest, par les monts de Lacha et de Fandague.

Le mont Brévent et la chaise des Aiguilles-Rouges sont au nord de la vallée.

Au sud, on voit le groupe gigantesque du Mont-Blanc (4,810 mètres).

A sa base, on distingue des glaciers énormes: ce sont ceux des Bossons, des Bois, d'Argentière et du Tour, et enfin, deux moins considérables, ceux de Gria, et de Tacconnay, qui descendent jusque dans la vallée.

Un guide qui en a fait plusieurs fois l'ascension, m'a dit qu'au sommet du Mont-Blanc, il ne tombe jamais d'eau ; la pluie se change en neige.

C'est une question de température et d'altitude.

Je reviens à Chamounix et lui dis un dernier adieu.

Sa vallée est riante et coupée çà et là de petits ruisseaux, et l'Arve, prètant son concours, donne à cette contrée un charme suprême, connu pour ainsi dire du monde entier, car on y rencontre des étrangers à profusion.

De Chamounix, nous nous dirigeons sur Genève. Il y a 18 lieues et c'est dans une diligence attelée de cinq vigoureux chevaux, que nous devons faire ce trajet.

Nous partons à sept heures du matin. Les relais sont nombreux. Nous avons bien employé trente chevaux dans notre parcours.

Cette manière de voyager en poste est maintenant oubliée, cela a pourtant du bon.

En interrogeant souvent le postillon, je pus me faire donner quelques renseignements.

Je vis, un peu plus loin que Sallanches, une

jolie cascade : c'est le Nant-d'Arpenaz. Vient ensuite la grotte de Balme.

Nous arrivons quelque temps après à Cluses, où je vois une école d'horlogerie.

A un kilomètre plus loin, je remarque les ruines du château de Mussel.

Avant d'arriver à Môle, en face de Vougy, se trouve le confluent du Giffre et de l'Arve. A midi, nous arrivions à Bonneville, où nous nous arrêtions quelques minutes. Je m'empresse de parcourir la ville, pendant que Maurice achète quelques petits pains, car nous avions très faim. Je vois là un ancien château assez original et servant maintenant de prison, puis une colonne de 22 mètres, avec une statue du roi de Sardaigne, Charles-Félix.

J'aurais voulu continuer, mais le temps pressait et la voiture commençait à s'ébranler, quand je saisis le marchepied.

Nous passons ensuite Moillesullaz, où se trouve le Foron, formant la limite de la France et de la Suisse.

Sur le reste du parcours, je ne remarque que Chêne-Tonex, que traverse la Séime, et une belle vue sur les Salèves et les ruines du château de Mornex.

Nous arrivons à Genève à deux heures de l'après-midi, et, après sept heures de diligence, nous sommes tout heureux de descendre de notre impériale, parfaitement installée d'ailleurs.

Toute la route de Chamounix à Genève, est sans contredit très belle, mais elle n'a pás le caractère intéressant de ce chemin de montagnes qui conduit d'Ugine à Sallanches.

Mon voyage dans la Haute-Savoie était terminé. Je quittais un pays enchanteur pour en explorer un autre non moins merveilleux.

J'entrais dans la Suisse.

Chapitre III.

GENÈVE.

Nous voici arrivés dans ce pays si ardemment desiré !

Il est deux heures: nous débarquons. Je vois tout d'abord que les genevois ne veulent pas rester en retard sur les progrès accomplis. J'aperçois des tramways, des voitures en quantité et de jolis bateaux à vapeur (les premiers existaient en 1824), faisant le service du lac.

Genève est la patrie d'un grand nombre d'hommes distingués dans les sciences, les lettres, les arts et l'administration.

Il suffit de nommer J.-J. Rousseau, né en 1712 et fils d'un horloger.

Son génie lui fut révélé, en 1749, dans une question posée par l'Académie de Dijon « Le progrès des sciences et des arts a-t-il contribué à corrompre ou à épurer les mœurs? »

Il eut une vie orageuse, et, chassé de France et de Suisse, pour son ouvrage intitulé l'Émile, il dut se réfugier en Angleterre. Il revint plus tard en France; ses restes allèrent au Panthéon, et son ancienne patrie, oubliant ses griefs, lui a élevé une statue dans une île qui se trouve au bout du lac, près de la sortie du Rhône.

Necker, ministre de Louis XVI, naquit aussi à Genève, en 1732, et fit fortune à Paris, comme banquier. Il fut nommé directeur général des finances, en 1776, mais cinq ans après, il donna sa démission.

Les fautes de ses successeurs, Joly de Fleury, Calonne, Brienne, forcèrent Louis XVI à le rappeler en 1788. Il était alors l'idole du peuple, mais la cour le détestait et réussit, par ses intrigues, à le faire renvoyer par le roi, en 1789, le 11 juillet.

Son départ fut le signal d'une insurrection terrible : c'est alors que la Bastille fut prise.

Louis XVI rappela encore une fois Necker, mais bientôt, se voyant traité d'apostat dans les clubs, celui-ci remit son portefeuille, et se retira dans sa belle terre de Coppet, en Suisse, où il mourut en 1804.

Il eut pour fille, la célèbre Mme de Staël-Holstein, qui avait pour lui une admiration allant jusqu'à l'idolâtrie.

François Lefort, général et amiral au service de la Russie, naquit encore à Genève ; il contribua puissamment à faire arriver au trône Pierre Ier, qui le nomma général de ses troupes, amiral de ses armées et vice-roi de Novogorod.

Il mourut en 1639. Pierre-le-Grand s'écria, en apprenant sa mort : « Hélas ! je perds le meilleur de mes amis. »

Beaucoup d'autres noms illustres se retrouvent encore à Genève, tels que Bonnet de Saussure, Burettini, J. Godefroy, etc., etc.

J'ai retracé la biographie de trois grands hommes, pensant que ceux qui me liront seront bien aise de revoir avec moi ceux qui firent la gloire de Genève.

Avec de tels noms, on ne peut s'étonner de voir une ville mettant en pratique les inventions modernes.

Après notre déjeuner, nous parcourons la ville ; notre première visite est pour la cathédrale de Saint-Pierre.

Je consultai mon guide Joanne, pour voir ce qu'il y avait de curieux à remarquer dans ce monument.

D'abord, j'examinai la façade qui a été ornée, en 1749, d'un beau péristyle, construit sur le modèle de celui du Panthéon de Rome.

La tour du sud, qui date de 1510.

La nef presque entière et les bas-reliefs qui datent du Xe siècle.

Le tombeau d'Agrippa d'Aubigné (1630), à droite de la grand'porte.

Une ancienne chapelle de la Vierge où se trouve le tombeau du duc de Rohan, chef des protestants français sous Louis XIII.

La chaire où se trouve encore le siége de Calvin.

Cette église a été bâtie il y a environ huit siècles.

De là, nous nous rendons à l'Hôtel-de-Ville, et nous examinons avec intérêt ce monument.

Il renferme un escalier curieux du XVIᵉ siècle en plans inclinés sans marches.

Nous nous promenons ensuite sur les quais principaux : le quai du Mont-Blanc et celui des Bergues, rive droite du Rhône, puis celui du Léman qui se trouve sur la rive gauche. Nous avons traversé le pont des Bergues qui est large de 8 mètres. Un petit pont suspendu, le relie à l'île de J.-J. Rousseau ; on y voit sa statue par Pradier, datée de 1835.

A vingt-cinq minutes de Genève, se trouve Ferney, but agréable d'excursion. Ferney, fut fondé par Voltaire qui l'habita de 1758 à 1778. A son arrivée, Ferney comptait sept à huit cabanes ; à sa mort, quatre-vingts maisons et 1,200 habitants.

La chapelle qu'il fit bâtir avec l'inscription, Deo erexit Voltaire, ne sert plus au culte.

Dans le château appartenant à M. David de la Joux, on visite la chambre à coucher et l'anti-chambre de Voltaire, conservées telles qu'elles étaient en 1778. On y remarque, outre les meubles, le mausolée qui devait renfermer le cœur de Voltaire, son lit, les portraits de son ramoneur et de sa blanchisseuse. Dans le parc, on voit un orme planté par lui.

J'aurais voulu pousser plus loin nos périgrinations, mais une pluie fine, devenue intense, nous força de reprendre le chemin de notre hôtel.

Le lac Léman se couvrit d'un épais brouillard, et Genève disparut bientôt dans la brume.

Cela hâta notre départ pour Lausanne.

Le trajet de Genève à Lausanne est ravissant, même en chemin de fer.

Pendant tout le parcours, le lac est bordé de charmants villages, d'agréables villas. Le brouillard s'élevait peu à peu, et, en arrivant à Lausanne, je distinguais un coin du délicieux lac Léman, dont les eaux sont d'un beau bleu de ciel et transparentes. Sur la rive française, on aperçoit Evian et Thonon, endroits charmants et très peuplés pendant l'été.

Le service du lac est fait par des bateaux à vapeur et par de nombreux petits bateaux à grandes voiles triangulaires qui produisent un effet charmant.

Le lac Léman est presque une petite mer inté-

rieure, puisqu'il a 70 kilomètres de longueur sur
13 kilomètres de largeur et que sa profondeur
atteint, en certains endroits, 300 mètres. Le Rhône
le traverse et on y pêche des poissons excellents
comme la truite, le féra, etc. Il est sujet à des
crues subites et parfois même à de véritables tem-
pêtes.

Je me souviens qu'on nous avait dit à Annecy,
que le lac de ce nom était parfois aussi très agité et
dangereux pour des canots non pontés. Un de nos
volontaires savoisiens nous avait raconté qu'il avait
failli s'y noyer un soir en allant chercher, sur la rive
opposée, son sabre oublié sur l'herbe. La frêle
embarcation qui le portait avait été plusieurs fois
sur le point de chavirer sous le choc des lames
courtes que soulevait un vent violent.

Nous couchons à Lausanne.

Le lendemain, notre guide en main, nous
parcourons la ville et commençons par visiter la
Cathédrale qui est une des plus belles églises de
la Suisse.

Elle a 93 mètres de longueur et a été fondée
l'an 1000, reconstruite au XIIe siècle et consacrée,
en 1275, par le pape Grégoire X, en présence de

l'empereur Rodolphe Ier de Habsbourg : elle contient un grand nombre de tombeaux de personnages illustres, entr'autres celui du pape Félix V, qui avait été duc de Savoie.

Ce tombeau m'intéressa plus particulièrement que les autres, car je me souvins que, pendant l'année scolaire, notre professeur nous avait parlé de Félix V.

Je rassemblai mes souvenirs et me reportai en 1400, au grand schisme d'occident.

Je me rappelai que les Pères du Concile, qui se réunit à Bâle en 1431, reprenant les propositions du Concile de Constance, qui avait eu lieu en 1414, y firent une foule de réformes.

Eugène IV, à la nouvelle de ces réformes, déclara le concile dissous et convoqua ses partisans à Ferrare : 1437.

Le concile de Bâle qualifia cette assemblée de schismatique, déposa Eugène IV comme hérétique et nomma un anti-pape, Amédée VIII, duc de Savoie, qui prit le nom de Félix V.

Les souverains de l'Europe s'interposèrent, et ce ne fut qu'après de longues négociations que le Concile de Bâle se sépara, que Félix V abdiqua, et que tous les fidèles se soumirent à Nicolas V, successeur d'Eugène IV (1449).

Dans la Cathédrale, se trouvent aussi les tombeaux du chevalier Othon de Grandron et de Henriette Conning, etc.

Dans la tour du Sud (la seule achevée), se trouvent les archives et le beffroi.

Pour monter à la terrasse du beffroi, il y a 245 marches. On a, du haut de la tour, une très belle vue.

Au sud, se voit la porte des Apôtres, qui est un véritable monument.

La Cathédrale a 70 fenêtres et 1,000 colonnes, le chœur a une lanterne haute de 40 mètres.

C'est très grandiose et digne du plus grand intérêt.

Nous vîmes en second lieu l'église Saint-François, dont le plus grand mérite est d'avoir servi de lieu de réunion au Concile de 1449, qui s'était d'abord tenu à Bâle.

Je m'arrête ensuite très émotionné devant un monument plus moderne.

Ce monument a été inauguré le 8 janvier 1872, à la mémoire des soldats français de l'Est,

morts à Lausanne, en 1871. Il se compose d'une
haute pyramide de granit posée sur quatre boulets
de canon. La partie supérieure est ornée d'une
croix en relief. Je salue la mémoire de ces martyrs
du devoir patriotique.

La place Saint-François possède un temple
de l'an 1442, et est le point de départ des touristes
qui veulent visiter le château de Montbisson, qui,
lui, est du XVe siècle. Pour y arriver, on passe devant
l'hôtel du Faucon, on contourne le ravin du Flon,
puis, on le franchit sur le pont Pichard, long de
180 mètres et, de là, on monte au château. Il est
recommandé de ne pas traverser le tunnel qui est
dangereux.

Le château de Montbisson était autrefois la
résidence des évêques de Lausanne, puis des baillis
bernois. C'est aujourd'hui le siége du conseil d'Etat.

Une terrasse, d'où il y a une très belle
vue, le relie aux maisons cantonales, où s'assemblent
le grand Conseil et le Tribunal du canton.

Du château de Montbisson, on découvre non
seulement la plus grande partie de la ville, mais
encore la chaine des Alpes, le lac de Genève dans
son entier, un grand nombre d'habitations de villes

et de villages, qui occupent l'espace entre le Jura et le lac, et surtout les beaux vignobles qui couvrent les coteaux.

C'est un but d'excursion très varié, très agréable et à recommander.

Au haut de la colline escarpée qui domine les forêts de Rovereaz et de Sauvabelin, on jouit, à un endroit appelé le Signal, d'un superbe panorama, et on embrasse du regard toute la contrée.

Le Signal est à une altitude de 661 mètres et à 45 mètres plus haut que la place Saint-François.

On y va par deux chemins, dont l'un praticable aux voitures et l'autre réservé aux piétons.

En arrivant, se trouve un pavillon avec des rafraîchissements et un télescope pour admirer la belle vue qui se déroule devant le touriste émerveillé.

De là, on peut descendre au Bout-du-Monde (ravin du Flon), remonter à Vennes et revenir à Lausanne par la route de Berne. Ce parcours est préférable.

Lausanne possède le collège académique, construit en 1587 et renfermant le musée cantonal, un cabinet de physique, une bibliothèque publique dè 40,000 volumes et celle des étudiants qui en a 7,000.

Le musée cantonal contient des collections variées, minéralogiques, botaniques, zoologiques, ornithologiques ; des antiquités et divers objets ayant appartenu à Napoléon Ier.

Il y a aussi une magnifique collection de fossiles d'eau douce, donnée par un amateur.

Lausanne m'a paru l'un des plus beaux endroits de la partie de la Suisse que j'ai visitée. Au bas de la ville, sur le bord du lac, se trouve Ouchy, qui est une station d'été fort recherchée.

M. Thiers et le prince Gortschakoff s'y sont plus d'une fois rencontrés à l'hôtel Beau-Rivage qui mérite bien son nom gracieux.

Ce n'est pas sans un certain regret que j'ai quitté cette ville, mais j'allais en admirer une autre aussi intéressante, qui est Berne, la capitale actuelle de la Suisse.

Il était nuit quand nous quittâmes Lausanne ; je n'ai donc pu voir le parcours que j'ai suivi.

Ne sachant où descendre à Berne, je m'adresse, suivant mon habitude, à mon guide Joanne : je vois Bernerhof, à côté du palais fédéral ; Schweizerhof, vis-à-vis la gare ; l'hôtel du Faucon, dans la rue principale, fréquenté surtout par les français.

Voilà notre affaire, me dit Maurice, allons au Faucon. Nous y sommes allés et nous avons été contents de notre choix.

Après une bonne nuit, le lendemain matin à huit heures, nous commencions à visiter la ville.

Nous suivons d'abord la rue principale fort animée à cette heure.

Rien n'est plus curieux et n'offre au voyageur un spectacle plus varié.

La grande rue est coupée au milieu par un petit ruisseau, large à peu près de 50 à 60 centimètres. Les maisons sont toutes à arcades ; les fenêtres, à balcons étroits, sont tapissées d'un coussin et garnies d'un miroir réfléteur.

Les dames, tranquillement assises, regardent circuler les piétons. Des chiens splendides attelés à des voitures, des patrouilles, les suissesses en costume national, tout offre au touriste un intérêt facile à comprendre.

Des fontaines avec des sujets grotesques, sont au milieu de la rue ; de nombreuses ménagères y viennent puiser de l'eau et bavarder.

Je me souviens seulement des motifs qui décorent trois de ces fontaines : sur l'une est un ours habillé en guerrier; sur l'autre, encore un ours avec des balances et une épée à la main (c'est la **Justice**); sur la troisième, un ours mangeant des petits enfants.

L'ours se trouve dans les armes du canton de Berne; aussi, ne voit-on dans cette ville qu'images d'ours de tous côtés.

A droite, une inscription : Fabricant d'ours en bois. A gauche, des drapeaux avec des ours. Devant, une statue avec des ours dans différentes positions. Une fontaine avec un ours habillé. Enfin, la ville entretient à ses frais des ours dans une fosse où le public peut les voir continuellement; j'en ferai plus loin la description.

Dans la Grand'Rue, j'examine avec intérêt la Tour de l'Horloge, de 1491. Deux minutes avant l'heure, des oursons défilent devant une figure assise. Un grand cadran situé au-dessus, marque l'heure.

Ce doit être une des anciennes portes de la ville.

Je vais ensuite voir la cathédrale, qui mérite d'être visitée.

D'architecture gothique, elle date du XVe siècle. La porte d'entrée est ornée de curieuses sculptures. La tour, qui est inachevée, est assez haute : il y a 233 marches pour y monter.

Cette église possède une cloche qui est la plus grosse de toute la Suisse. Elle pèse 15,000 kilogrammes. Je fus un peu étonné quand, en entrant, il nous fallut payer un franc par personne. C'est le pourboire forcé.

Je remarquai d'abord un orgue très joli, de beaux vitraux, le tombeau du duc de Lœhringen, fondateur de Berne, et celui de Frédéric de Heiger ; des tablettes sur la muraille avec les noms de dix-huit officiers et de six cent quatre-vingt-trois soldats qui périrent en combattant contre les français en 1798 ; d'ailleurs, absence complète de décoration.

C'est un temple protestant. Comme monument, il est digne d'être mentionné.

Les sculptures de la façade extérieure de la porte sont magnifiques.

Sur la place, en sortant, j'admire une statue équestre. Je la prenais pour celle du vainqueur de Morat, mais j'appris que c'était celle de Rodolphe d'Erlach, le vainqueur de Laupen.

Elle représente un chevalier couvert de son armure, ayant une bannière dans sa main droite ; la visière du casque est relevée et laisse voir l'air martial du guerrier.

Aux angles du piédestal, on voit quatre oursons en bronze, grandeur naturelle, très bien faits et dans des poses différentes.

Nous visitons ensuite le palais fédéral, long de 131 mètres, siége du conseil des Etats et du conseil National ; beau monument moderne, avec une vue superbe sur la vallée de l'Aar.

Tout à côté, nous entrons dans un square public, où il y a un belvédère et une belle vue, la même sur la vallée de l'Aar qui coule au bas de la colline que couronne ce jardin.

Peu de villes ont des promenades aussi agréables et aussi bien entretenues que les jolies allées qui ceignent la partie basse.

Les abords de Berne sont du reste grandioses. A l'Ouest et au Nord, de magnifiques avenues conduisent à des portes ou grilles flanquées d'élégants pavillons.

A l'Est, se trouve le beau pont de la Nideck, long de 138 mètres, haut de 27 au-dessus de la rivière.

Je vois au bout de ce pont une foule assez grande, je demande ce qu'il y a : on me dit que c'est la fosse aux Ours.

Nous nous dirigeons de ce côté, fort désireux de voir ces animaux, qui devaient être bien beaux pour attirer tant de curieux et mériter l'honneur d'être nourris aux frais de la ville : ils n'étaient qu'assez ordinaires et inférieurs à ceux du Jardin des Plantes à Paris.

Ils ont cependant le don d'amuser le public par leur gentillesse et leur intelligence. Ils font, soit pour avoir un morceau de pain, soit pour avoir une carotte, les grimaces les plus drôlatiques.

Les petits pains et les carottes pleuvent de toutes parts ; mais la provision faite, les ours s'en vont tranquillement dans leurs loges, regardant d'un air narquois le bon public qui en est pour ses frais.

Après notre visite à la fosse aux Ours, nous rentrons dans la ville et nous nous dirigeons vers l'Hôtel-de-Ville, qui est du XVᵉ siècle. Là, se trouve la salle des séances du canton.

Berne, avant de devenir la capitale de la Suisse, a eu un passé historique dont je crois utile de relater ici les principaux faits.

En 1191, Kuno de Bubenberg, fit environner de murs et de fossés la petite ville de Berne, près de la forteresse de Nydeck, et le duc de Zœhringen à qui appartenait ce fort, donna des lois à la ville nouvelle, qui commença à s'agrandir et à se peupler vers le milieu du XIIIᵉ siècle.

En 1298, l'empereur Frédéric II déclara Berne ville libre de l'Empire, et confirma ses libertés dans une charte qui est précieusement conservée aux archives de la cité et qu'on nomme la Charte impériale.

Berne fut assiégée, en 1288, par Rodolphe de Habsbourg, qui ne put venir à bout de la prendre.

En 1291, les bernois combattirent vaillamment, sous le commandement d'Ulrick de Bubenberg, contre la noblesse du pays insurgée contre eux, sous les ordres d'Ulric d'Erlack.

La ville devint un asile où se refugièrent tous ceux qui étaient opprimés par la noblesse autrichienne, circonstance qui l'éleva rapidement à un tel état de grandeur et d'opulence, qu'elle excita l'envie des autres villes et surtout de l'aristocratie.

Les seigneurs se conjurèrent donc pour travailler à la perte de leur ennemie commune.

Leur armée, forte de 18,000 combattants et commandée par 700 seigneurs bannerets et 1,200 chevaliers, fut entièrement défaite le 21 Juin 1339, à Laupen, par les Bernois, sous la conduite de Rodolphe d'Erlach (dont la statue est en face de la Cathédrale), quoique leur nombre fut de deux tiers moins considérable que celui de leurs ennemis.

Après cette victoire, la ville s'accrut sensiblement.

En 1353, elle entra dans la confédération suisse et prit rang immédiatement après Zurich; c'est-à-dire qu'elle eut rang de seconde ville de l'Union.

Elle augmenta son territoire jusque vers la fin du XIVe siècle, en partie par des acquisitions, en partie par des conquêtes.

Jusqu'en 1798, elle continua à s'agrandir et s'adjoignit l'Argovie et le canton de Vaud.

A cette époque, les français envoyèrent contre Berne une armée de 30,000 hommes.

Quoique les bernois eussent mis en campagne une armée de 18,000 hommes avec un corps auxiliaire de 8,000 fédérés, sous le commandement général d'un chef nommé Erlach, le souvenir des anciennes victoires de Morgaten et de Laupen, ne purent les inspirer assez héroïquement et ils furent complètement battus.

Berne ouvrit pour la première fois ses portes, et perdit à peu près la moitié de ses possessions.

Le canton de Berne se réduisit alors à cinq districts.

La ville de Berne, l'Oberland, le Landgericht, l'Emmenthal, le Seeland.

Une résolution en congrès de Vienne, en 1815, fit revenir au canton de Berne une grande partie de l'évêché de Bâle.

En 1848, elle redevenait le siège des autorités fédérales, c'est-à-dire la capitale.

Telle a été l'histoire de Berne, ville curieuse à visiter, parce qu'elle a conservé son caractère original dans les anciens quartiers; je la quittai en me promettant d'y revenir un jour.

De Berne, nous nous dirigeons vers Lucerne.

Nous trouvons pour la première fois un train composé de wagons suisses dont j'avais déjà entendu vanter le confortable et la commodité.

Je reconnus bientôt pourtant que, de ce côté encore, la France n'a rien à imiter.

Chaque wagon, plus long que les nôtres, sans portes sur les côtés, est terminé par deux plates-formes qui donnent accès à l'intérieur, divisé en plusieurs compartiments.

On passe de l'un dans l'autre, et le conducteur du train voyage continuellement pour contrôler les billets et exercer une surveillance qui devient à la longue fort désagréable.

Les compartiments de première classe sont luxueux, meublés de fauteuils-ganaches, capiton-nés à l'excès, et dans lesquels on est emboîté d'une façon incommode, surtout lorsqu'il fait chaud.

On regrette alors le compartiment français, moins somptueux, il est vrai, mais où l'on est chez soi, porté d'une manière moins fatigante.

Les wagons de deuxième et troisième classes ne diffèrent que par une plus grande simplicité.

Toujours le couloir au milieu.

Nous arrivons à Lucerne à trois heures de l'après-midi, et nous sommes frappés du bel aspect de la ville bâtie au bord du lac et au confluent de la Reuss. Le temps est splendide et nous favorise toujours.

Nous remarquons qu'il y a deux villes distinctes et bien dissemblables.

Le nouveau et l'ancien Lucerne. Le vieux Lucerne, qui a conservé son caractère, avec des rues tortueuses aux pittoresques échappées, de vieilles fontaines, des maisons à pignon, des chapelles et des églises.

Des anciennes fortifications, il ne reste plus guère que la ceinture des tours et des remparts de la Musegg, les ponts de bois couverts et ornés de peinture, et la vieille tour des Archives, émergeant de l'eau.

Les quatre tours de l'enceinte ancienne, reliées par un mur continu, carrées avec toits aigus.

Dans le nouveau Lucerne, de belles rues alignées et des rangées de maisons fastueuses. C'est surtout sur le bord du lac que sont édifiés des hôtels, qui ressemblent à des palais et dont le plus beau est l'hôtel National, d'un aspect vraiment monumental.

Ici, comme partout, les souvenirs du Moyen-Age tendent à disparaître.

Lucerne, cette antique capitale du canton, entrée la quatrième dans l'alliance helvétique

forestiers, s'étend le long de la verte rivière, la
Reuss, entre les avants-monts de Gütschwald à
l'Ouest, et les hauteurs de Homberg à l'Est.

Elle est devenue le séjour préféré du monde
des touristes; le rendez-vous de tous ceux qui
veulent jouir commodément des magnificences
du lac de Quatre-Cantons.

Elle est la plus grande ville catholique de la
Suisse.

Parmi les plus intéressantes curiosités à visiter,
il faut aller au jardin des Glaciers. Avant d'y entrer
on trouve un bassin , borné par une roche à pic.
C'est là que le sculpteur Torwalsden a pu donner
carrière à son vigoureux talent : il a sculpté en
pleine roche un lion colossal, haut de 6 mètres et
long de 9 mètres. La patte droite s'appuie sur un
écusson fleurdelisé, son flanc est percé d'une
flèche et son œil, qui se ferme, brille d'un dernier
éclair de courage.

Au-dessous, se trouve l'inscription ·
                HELVETIORUM FIDEI , AC VERTUTI ;
puis sont gravés les noms des suisses, officiers et
soldats, qui moururent en combattant pour le roi
Louis XVI, le 10 août 1792; mercenaires héroïques

et dignes de la gloire qui leur a été décernée par leurs compatriotes.

A quelques pas plus haut, nous trouvons une salle occupée par le plan en relief de la Suisse, œuvre du général Pfyffer, qui y consacra quinze années de sa vie. Ce beau travail donne une idée exacte de la conformation de ce pays si hardiment accidenté. Nous reverrons plus tard ce vaste panorama en gravissant les pentes du Rigi.

Enfin, nous pouvons admirer une merveille géologique que l'on a découverte, il y a un an environ, en creusant le sol pour élever de nouvelles constructions. Nous avons sous les yeux trois excavations circulaires, ou un peu elliptiques, dont chacune a été creusée dans la roche par l'action des eaux, imprimant un mouvement de rotation a un petit bloc de granit détaché de quelques montagnes voisines. Ces trous ont, le plus petit, un diamètre d'environ un mètre, avec une profondeur égale, et, le plus grand, au moins 2 mètres 50 en tous sens. Dans chacune de ces excavations, qui était remplie de terre, on a retrouvé le bloc de granit de 30 et 40 centimètres environ, que le frottement a arrondi comme un boulet, et dont le mouvement de rotation a produit dans la roche moins dure une espèce de citerne. Pendant combien de siècle ce mouvement a-t-il dû exister pour produire de pareils résultats? Quelle a été d'abord la vitesse et le vide qui ont été en progressant simultanément ? Je laisse à des hommes plus savants que moi, le soin de répondre.

Un sentier escarpé nous conduit au sommet du jardin , que domine un belvédère au-dessus duquel flotte la bannière helvétique. Le regard embrasse de là un vaste horizon, avec la ville de Lucerne au bas, le lac des Quatre-Cantons en face, et au fond les Alpes, avec le Pilate à droite et le Rigi à gauche.

Nous revenions émerveillés du Jardin des Glaciers, quand nous aperçûmes le Diorama, qu'on nous avait recommandé comme un chef-d'œuvre dans son genre. Nous entrons immédiatement.

Là, nous admirons le Pilate, le Rigi, Kulm et le chemin de fer du Rigi, traversant un pont par un magnifique coucher de soleil.

Ce Diorama est la reproduction la plus fidèle des vues dont on jouit du haut des montagnes. Les effets de lumière varient, suivant les heures de la journée.

Il offre, soit le moyen le plus désirable d'une complète orientation préliminaire, soit un souvenir des plus agréables à ceux des touristes qui viennent de jouir de ces vues ravissantes.

Il est indispensable à ceux qui seraient empêchés d'aller sur les montagnes.

Nous traversons le pont des Tableaux, un des quatre ponts qui traversent la Reuss ; il est le moins beau, mais le plus original. Construit en 1302, il est long de 324 mètres. Il est couvert d'un toit pointu relié par des poutres qui en assurent la solidité. Entre ces poutres et le sommet du toit, se trouve un triangle occupé par un tableau qui date de la même époque que le pont.

Il y a 154 tableaux, avec légendes, représentant je ne sais quelle histoire, où le diable, habillé de rouge ,joue un rôle important, en compagnie d'un prince et d'un évêque.

Nous rentrons ensuite dans notre hôtel, disposés à naviguer le lendemain sur le lac des Quatre-Cantons.

A huit heures du matin, nous partions pour Fluelen, point le plus éloigné des Quatre-Cantons.

Notre steamer se nomme Italia. Trois autres

affectés au même service, portent les noms de
Schweiss, Germania et Victoria (la France est
oubliée à l'étranger depuis ses malheurs).

Aucun autre lac de la Suisse n'a été revêtu
par la nature, d'une si étonnante beauté ; on reste
émerveillé en le voyant, et il répond, au-delà de
toute description, à l'idée qu'on s'en peut faire.

Du moment où le premier tour de roue vous
éloigne de Lucerne, jusqu'à celui où l'on aborde
dans le golfe paisible et charmant de Witznau, les
montagnes qui l'enserrent de tous côtés dressent
audacieusement leurs hauts remparts de roches
crénelées. Chacune d'elles est surmontée de décou-
pures et encadre à son tour quelque nouveau tableau
d'un aspect inattendu.

En se retournant, on voit la ville se déployer
en amphithéâtre, avec ses vieilles murailles et ses
tours antiques, les belles façades de ses hôtels et
ses ponts.

A gauche, se dressent les escarpements du
Rigi avec les deux hôtels du Kulm.

La montagne à droite paraît très rapprochée,
et cependant il y a tout le bas du lac de Kussnach
entre elle et les collines du premier plan.

Les pentes inférieures et les bords du lac sont peuplés de villas et de parcs. On remarque entre autres le château de Secbourg, dans une situation ravissante, autrefois, résidence d'été privée des jésuites.

A l'extrême droite, le Pilate attire l'attention. Cette montagne, couronnée de parois nues et de rochers à pic, est coupée de gorges et de crénelures ; un hôtel occupe le sommet.

Les déclivités inférieures s nt recouvertes de pâturages et de forêts séculaires.

Nous arrivons au centre du lac dont la forme particulière représente une croix brisée. La pointe en face de Lucerne aboutit à Alpnach, celle qui s'infléchit à gauche, conduit à Fluelen, point distant de 37 kilomètres. Le lac malgré son long développement ne couvre que 7 lieues carrées à cause de son peu de largeur. Sa plus grande profondeur est de 330 mètres. Alimenté par les eaux glacées de la Reuss, il conserve une assez basse température. Ses eaux transparentes sont peuplées de nombreux poissons.

On arrive ensuite à Neggis, petit pays florissant, couvert d'arbres fruitiers. C'est l'ancien lieu de débarquement des touristes pour le Rigi, dont les pentes se dressent derrière le village.

La station suivante est Witznau, riant village dont le clocher a l'air d'être en sentinelle avancée.

Le bateau aborde et les nombreux touristes pour le Rigi débarquent et se rendent à la gare qui est à deux pas.

Nous continuons notre voyage sur le lac, décidés à nous arrêter là au retour.

Peu après Witznau, le lac se resserre et semble finir, mais nous trouvons un passage étroit entre deux hauts promontoires couverts de sapins.

Vient ensuite en face de la jolie cascade du Stœubibach, Gersau dans une situation très pittoresque. Plus loin, Brunnon près de l'embouchure de la Muotta, puis Tellsplatte-Rocher qui s'avance dans le lac et où Guillaume Tell s'élança hors de la barque, dans laquelle Gessler le conduisait prisonnier à son château de Kussnach ; c'est en touchant le sol qu'il perça d'une flèche le tyran qui opprimait son pays.

On a bâti sur ce promontoire un kiosque orné de grossières peintures. Il se nomme la chapelle de Guillaume-Tell. Je l'ai saluée, car j'admire tout citoyen qui sauve son pays par une action d'éclat.

Le bateau s'arrête à Fluelen, qui est tout au bout du lac des Quatre-Cantons. C'est le point de départ des diligences pour le Saint-Gothard.

Fluelen est un petit hameau, nous y trouvons cependant un bel hôtel qui est Urnerhof. On y déjeune agréablement sur une terrasse dominant le lac.

Nous allons ensuite en voiture à Altorf, patrie de Guillaume Tell. Nous y restons peu de temps, le bateau devant repartir à deux heures.

Altorf est la capitale du canton d'Uri et est situé entre la Reuss et le Schœchenbach au pied du Grünbern. L'église paroissiale est assez jolie, il y a un orgue magnifique et des tableaux de Van Dyck et de Carrache, et une madone en marbre d'Imhof. Il y a sur la grande place une statue colossale de Guillaume Tell, par Sigfried. Sa patrie a conservé ainsi son souvenir.

Nous revenons à Fluelen et nous embarquons pour Witznau.

A Witznau, nous partons pour le Rigi, que l'on gravit par un chemin de fer de montagne, dont la hardiesse est effrayante et que je m'empresse de décrire brièvement :

La voie est formée de deux files de rails à patins ayant l'écartement des lignes ordinaires. Dans l'axe de la voie, on a fixé un troisième rail en fer forgé qui sert de crémaillère et sur lequel s'engrène une roue dentée, calée sur l'essieu d'arrière de la machine.

La pente des rampes atteint jusqu'à 25 %. La chaudière de la locomotive a été placée verticalement pour éviter l'effet du changement de pente sur le niveau d'eau.

Il n'y a qu'un wagon de cinquante-quatre places. Une locomotive de forme spéciale doit le pousser jusqu'au sommet. La locomotive se trouve toujours à l'arrière du train, à la montée comme à la descente.

Le wagon est rempli en un instant, un coup de sifflet retentit, les cœurs se serrent : l'ascension commence. La vitesse n'est pas considérable, un kilomètre en douze ou quinze minutes, dans les endroits les plus escarpés.

À peine a-t-on dépassé de quelques cent pas l'église, son cimetière rustique et les dernières maisons du village, pittoresquement assises dans les vergers, que l'on commence à gravir les pentes du Rigi.

Après un contour, la voie atteint déjà son maximum d'inclinaison. La machine mord solidement dans son engrenage.

Les voyageurs ne sont nullement incommodés par les petites secousses régulières qui accompagnent ce travail. Il en résulte, au contraire, pour eux, un sentiment de sécurité, malgré l'aspect de la pente raide du chemin à rails qu'ils gravissent commodément assis dans le wagon.

Nous voyons un bloc énorme tombé de la montagne. La réclame s'en est emparée, où va-t-elle se nicher?

M. Suchard, fabricant de chocolat, y a mis son adresse et sa spécialité. Que son chocolat lui soit léger, ainsi qu'à l'estomac de ses clients!

Peu de temps après, la vue commence à s'étendre On traverse des taillis, des groupes de hêtres et de châtaigniers. Ensuite, apparaissent, par échappées, l'arête du Bürgenstock, avec ses parois à pic, une partie du Pilate, et dans un coin les eaux vert-bleu du lac et leurs petites vagues scintillantes.

L'horizon s'agrandit encore, quand on approche de Schwanden.

On a devant soi les deux Mazen qui s'avancent dans le lac; derrière eux, le Buochserhorn flanqué du Hoch-Briesen et des sommités dénudées de Schwalmis.

Du côté opposé, les montagnes qui servent de frontières au lac de Brienz et la ligne du Jura; puis, tout au fond, la chaîne des Vosges et le ballon d'Alsace.

Le Pilate est entièrement découvert. On voit Weggis à droite; un peu plus tard, Lucerne.

Plus on monte, plus les Alpes grandissent en hauteur et en puissance. Une nouvelle courbe aboutit à un tunnel qui se rattache au pont de Schnurtobel.

Le train s'engage sous ce tunnel à l'issue immédiate duquel s'ouvre un précipice qu'il s'agit de franchir sur un pont en fer, hardiment jeté sur l'abîme.

En considérant d'en bas cette construction aérienne, que traverse un train tellement incliné qu'il semble devoir se précipiter dans le goufre, on ne peut s'empêcher de concevoir quelque inquiétude.

Du haut du pont, le coup d'œil est magnifique.

Au fond de cette gorge sauvage et sur les bords du torrent, parsemé de blocs énormes, se dressent de fiers sapins, dont les cimes échevelées n'atteignent cependant pas le tablier du pont.

A la descente, quand le temps est favorable, on n'aperçoit, dans l'encadrement sombre du tunnel, que les eaux bleues et miroitantes du lac.

En face, se dressent les parois gigantesques qui forment la pente occidentale du Dossen.

De ces parois, tombe une belle cascade, celle du Grubisbalm, qui prend, m'a-t-on dit, des proportions considérables à la fonte des neiges ou après les orages.

On longe ensuite la forêt de Schwert, qui étale dans les profondeurs à droite, son immense tapis de velours, formé par la trame serrée des cimes de ses sapins.

A l'arrière plan, à vol d'oiseau, se découvrent tour-à-tour les rives de Kreuzbrichter, avec Lucerne dans le fond.

A mesure que l'on s'élève dans la direction Nord, apparaissent l'un après l'autre les géants de l'Oberland-Bernois.

D'abord l'Eiger, puis le Monch, le Rosenhorn, le Dossenhosn, le Silbertorn et beaucoup d'autres encore.

Un talus dérobe la vue de temps en temps, mais les échappées soudaines et inattendues, n'en ont que plus de charmes et de grandeur.

On atteint la région supérieure des Alpes, on s'en aperçoit à la rareté des arbres à feuilles, le sapin domine, les gazons deviennent plus courts, on sent qu'on est déjà très élévé au-dessus du niveau de la mer.

On continue à monter à travers des pâturages et des débris de rochers, au milieu de sapins aux troncs noueux, au branchage tourmenté.

La vue reste constamment magnifique.

Peu de temps après, se déroule le panoroma complet, le plus vaste et le plus grandiose qu'on puisse imaginer.

En arrivant par une grande courbe à la station Staffelhohe (1,551 mètres), on voit surgir toute la chaîne orientale des Alpes, avec le massif de Tœdi, dans le canton de Glaris, les montagnes de Schwytz, le massif des pentes dans l'Appenzell.

Le regard enchanté plonge, en outre, dans la

direction nord, sur le canton de Zug, Zurich, Argovie et Lucerne.

On aperçoit enfin le Rigi-Kulm et on met pied à terre à cette dernière station, près des deux grands hôtels Stüftel, qui peuvent loger 7 à 800 voyageurs.

En quelques pas, on atteint la partie la plus élevée, la dernière cîme. On est au Rigi-Kulm, où l'on a élevé un belvédère surmonté d'un drapeau.

Je remarque que le Rigi est environné d'eau de trois côtés; ses flancs sont baignés par le lac des Quatre-Cantons, le lac de Zug et le lac de Lowerz.

Nous avions un temps magnifique, mais après une journée claire et chaude, la température s'était refroidie sensiblement.

Le parcours qui est de 7 kilomètres à peine, avait duré quarante minutes.

Nous couchons au Kulm où nous trouvons bon souper et bon gîte.

Mais avant de songer au repos, nous voulons assister au coucher du soleil qui est déjà bas à l'horizon.

Les ombres s'étendent et le crépuscule commence à envahir le lac et les vallées, mais du haut

du Rigi, se déroule encore un horizon, vaste, limpide, sans nuages.

L'astre du jour colore toujours les cimes des
Alpes, mais à mesure qu'il s'abaisse, on voit les
ombres monter le long des pentes et franchir les
précipices; une cloche sonne alors l'ANGELUS du
soir et sa voix qui monte lentement, comme une
prière, ajoute un charme à la situation déjà si
intéressante.

A l'ouest, au loin, s'étendent les longues
lignes du Jura. C'est derrière ce rideau que disparaît le disque flamboyant ; on en distingue encore
la moitié, puis un faible segment de cercle, une
mince ligne, une étoile, un point lumineux, et cet
astre joyeux échappe à nos regards.

On voit encore le soleil brillant à la pointe glacée des plus hautes cimes, c'est le dernier adieu
de la nature qui va s'assoupir.

Ce magnifique phénomène ne dure que
quelques instants; une teinte froide et blafarde,
envahit de ses ombres les champs de neige naguère
si étincelants

Une paix solennelle règne dès-lors sur les
Alpes; la nuit se répand sur la nature entière;

seule éclairée, la voûte céleste lance dans l'infini ses milliers d'étoiles et semble entonner l'hymne éternel de la toute-puissance du Créateur.

Nous attendîmes impatiemment le lendemain pour voir le lever du soleil.

Nous dormions encore, quand des sons semblables à ceux du cor vinrent frapper notre oreille. Quand on entend ce bruit matinal, c'est le signal qui retentit pour tous ceux qui ne veulent pas avoir gravi en vain ces hautes montagnes et qui s'apprêtent à contempler le lever du soleil. Nous fûmes bientôt debout.

La pelouse se couvre d'une foule de gens bizarrement accoutrés et s'agitant dans tous les sens : l'air est extrêmement vif et cingle les visages.

Malgré leur admiration, beaucoup de personnes ne peuvent articuler une parole intelligible. Elles sont parlysées par le froid.

Une seule fait exception : c'est un monsieur à lunettes, tout encapuchonné. Il pérore dans un groupe et se démène fort. C'est sans doute un professeur en villégiature.

Nous l'entendons faire toute une leçon sur le

cours des astres. Vraisemblablement, il croit parler du haut de sa chaire. Mais personne ne l'écoute. Voyant son peu de succès, il se retourne, regarde de tous côtés, flaire en moi un écolier en vacances, et m'abordant sans façon, recommence sa théorie.

Je crus être au 8 octobre, jour de ma rentrée. Je frissonnai.

Quand je fus bien convaincu cependant que j'étais libre, que ce professeur en lunettes n'était pas un des miens et m'était parfaitement inconnu, je le plantai là bel et bien, tout fier de n'avoir pas affaire à lui pour de bon.

Je crus l'entendre murmurer : cinq cents vers !... Je pressai le pas à ce mot pénible, et je le perdis de vue.

A quelque distance, nous rencontrons trois dames se promenant de long en large et profilant sur le ciel leurs maigres silhouettes, qui rappelaient quelque groupe antique des trois Parques. Je vis avec plaisir que ce n'était pas des françaises, mais trois vieilles anglaises, très maltraitées par les ans. Old england !

Plus loin, voltige un chapeau, qu'un malin

7

zéphir a brusquement enlevé de la tête chauve d'un magistrat. C'est en vain que le bonhomme fait le moulinet avec ses bras, le chapeau lui échappe, tournoie au-dessus des abîmes et s'enfonce dans la direction du lac.

Pendant tous ces incidents, la clarté augmente, le lac devient miroitant, la cîme des montagnes se colore, les neiges revêtent une teinte rose: attente générale!... Un éclair jaillit... C'est le premier rayon du soleil.

Exclamation sur toute la ligne.

Après avoir admiré ce beau soleil levant et revu l'immense panorama sortant peu à peu de la brume que dissipe l'astre du jour, on se retire émerveillé. Les uns vont regagner leur lit chaud et moëlleux ; d'autres se hâtent de jeter sur le papier leurs impressions encore fraîches et d'expédier à leurs parents ou amis quelque poétique missive, datée du Rigi-Kulm.

D'autres, enfin, bouclent leur valise pour s'élancer joyeusement dans une autre direction.

Je fis connaissance au Kulm d'un touriste français qui venait pour la seconde fois voir le lever du soleil sur ces hautes cîmes.

Que vous êtes heureux ! me dit-il, vous avez un temps splendide. Quand je suis venu pour la première fois, il faisait un brouillard épais, puis un orage est survenu. C'était effroyable ! Aujourd'hui, tout est riant et lumineux.

Il en est autrement quand, à l'approche d'un orage, les brouillards et les lourdes nuées chargées de pluie s'abattent dans les replis des vallons ; c'est alors que le paysage prend un aspect sinistre.

Les contours des rochers se perdent dans l'obscurité et ne se montrent plus qu'en masses informes.

Ce prologue est de courte durée ; l'orage se déchaîne soudain dans toute sa violence ; les éclairs tracent si rapidement leurs sillons de feu qu'à peine durent-ils un millième de seconde, enlaçant le flanc des montagnes de leurs nombreux zigs-zags.

Le roulement du tonnerre, dont la répercussion est doublée par les nuages abaissés, est rendu plus formidable encore par les nombreux échos qui renvoient les sons de toutes les crevasses de rochers et des profondeurs des vallées.

C'est la nature en pleine possession de sa souveraineté, ou plutôt, c'est la voix de Dieu qui retentit dans les tonnerres.

Ce spectacle m'a causé une de ces impressions qui ne s'oublient jamais, ajouta mon narrateur.

A huit heures, nous prenions le train pour redescendre à Witznau. On est en ce moment sur un plan presque horizontal, tout va bien.

Peu d'instants après, la voie semble s'être effondrée. Le train paraît devoir se jeter dans un gouffre : il va toujours. Arrivé au bord, le cœur se serre, mais cette émotion est de courte durée.

Le train s'est engagé sur une pente extrèmement rapide; la descente se fait néanmoins comme de coutume.

Le Kulm est à 1,363 mètres au-dessus du lac, on doit donc se rendre compte de l'inclinaison de la voie, et l'on se dit : comment un homme a-t-il été jamais assez téméraire pour concevoir le projet de faire porter les touristes à une semblable hauteur, par un chemin de fer.

La compagnie possède aujourd'hui dix locomotives et douze wagons à voyageurs. Cette ascension du Rigi est une des choses les plus intéressantes que j'aie vues dans mon voyage. \

On a construit un autre chemin de fer, que nous avons vu à la station de Kaltbad, 8 à 10 minutes avant d'arriver au Kulm. Cette seconde ligne se dirige vers l'Est et ne présente pas le même intérêt que celle de Witznau. La pente ne dépasse pas dix pour cent.

De Witznau, nous revenons à Lucerne sur le bateau à vapeur et nous allons le soir entendre une excellente musique sur le bord du lac, dans un petit square qui dépend de l'hôtel national.

De Lucerne, nous nous dirigeons sur Neuchâtel; nous voyageons toujours dans les wagons suisses, que je trouve de plus en plus incommodes.

A Neuchâtel, nous descendons à l'hôtel du Mont-Blanc, où nous sommes très bien. Nous avons longé, sur notre parcours, le lac de Bienne, nous venons admirer celui de Neuchâtel, qui a un aspect riant. On chercherait en vain de hautes montagnes, mais il est encadré par des coteaux verdoyants, sur les flancs desquels on cultive la vigne. L'eau du lac est bleuâtre et transparente; on aperçoit de nombreux poissons du haut du quai.

Maurice me fait remarquer la grande quantité

d'horloges, que l'on voit partout. J'en parlais à l'hôtel, en déjeunant à la table d'hôte.

Savez-vous, me dit un Monsieur, combien le canton de Neuchâtel exporte annuellement de montres? Eh bien ! 1,200,000.

Neuchâtel est une ville propre, bien bâtie, mais inanimée.

Je n'y vois de remarquable qu'un vieux château du XII⁺ siècle, occupé par le conseil d'Etat, et une statue de Davy de Pury, riche négociant du siècle dernier, qui a légué sa fortune à sa ville natale.

J'oubliais de citer l'église Notre-Dame qui a du caractère et dans l'intérieure de laquelle se trouve une assez remarquable sculpture des comtes de Neuchâtel.

En revenant vers le lac, nous traversâmes un jardin public, avec un bassin dans lequel s'ébattent des canards d'espèces rares, et un petit kiosque peuplé de singes; ses allées sont sablées, les gazons bien tondus, les massifs de fleurs bien garnis, et cependant ce square n'a pas de clôture, pas de gardiens; on y peut accéder à toute heure.

On remarque seulement des écritaux portant cette inscription : la conservation de ce jardin est confiée à la garde des bons citoyens ; c'est tout et cela suffit.

Avant de quitter Neuchâtel, j'eus une fantaisie : je voulus acheter un chien semblable à ceux que j'avais tant remarqués à Berne. On m'en indiqua un jeune, de la race de Saint-Bernard, à vendre au buffet de la gare, mais il fallait traverser la voie.

On ne voudra pas nous laisser passer, dis-je à Maurice.

Nous ne sommes pas en France, me répondit-il. Ici c'est la liberté même, on va où l'on a besoin d'aller sans rencontrer aucun obstacle.

Je vis le chien, il ne me sembla pas assez beau pour le ramener de si loin.

Je ne pus m'empêcher d'admirer cette république si calme, si sage ; cette grande liberté que possède le citoyen suisse. Il voyage partout, va, vient, entre et sort, on ne lui demande jamais rien. Il est libre.

Une enseigne écrite en trois langues, français, anglais, allemand, prévient seulement les voyageurs dans les salles d'attente, de veiller sur leurs bagages.

Il y a, écrit en gros caractères : Méfiez-vous des voleurs.

Nous quittons, à onze heures, Neuchâtel, qui était la dernière ville de Suisse où nous dûssions nous arrêter.

Maintenant, nous voici à Dijon, qui nous paraît une ville souverainement triste. Il est vrai que nous la visitons un dimanche, et que, ce jour là, le mouvement des affaires est suspendu.

Je remarque pourtant quelques vieux monuments : la cathédrale du XIIIᵉ siècle, l'église Notre-Dame et le palais des ducs de Bourgogne, qui est aujourd'hui l'Hôtel-de-Ville.

Je vois aussi beaucoup de soldats de toute arme. On sent qu'il y a là un commandant de corps d'armée.

Bref, encore tout pleins de récents et grandioses souvenirs, nous rentrons très désappointés à notre hôtel, regrettant presque de n'avoir pas continué directement jusqu'à Paris. Nous étions évidemment dans une mauvaise disposition pour apprécier l'ancienne capitale des ducs de Bourgogne.

Elle est la patrie des grands crûs de Chamber-tin, Vougeot, etc., qui font la gloire de notre pays et les délices des gourmets.

Nous quittons Dijon le lendemain, à six heures du matin, et nous étions à Paris à trois heures, et, à sept heures et demie, au Grand-Opéra, pour voir jouer la REINE DE CHYPRE.

Je tombai de merveilles en merveilles ! Après avoir admiré le grand escalier, j'allai me promener au foyer étincelant de dorures et de lumières.

Je n'essaierai pas de décrire le Grand-Opéra ; il faudrait être un maître et je ne suis qu'un médiocre élève, d'ailleurs, tout le monde connaît ce beau monument.

Je rentrai le lendemain à Saint-Étienne-du-Rouvray.

Je trouvai à mon retour ma chère mère, à laquelle j'avais écrit souvent pendant mon absence.

Enfin ! vous êtes revenus sains et saufs, me dit-elle, en m'embrassant tendrement.

Nous n'avons fait, lui répondis-je, qu'une magnifique promenade et non pas un voyage offrant des dangers. Je te raconterai, pendant les prochaines

veillées, mes impressions et te dirai mes souvenirs,
qui sont nombreux et des plus agréables.

Je n'oublierai jamais ces deux semaines de
bonheur qui ont marqué, pour ainsi dire, la prise de
possession de ma vie d'homme, car je touche à mes
dix-huit ans.

Tu feras mieux encore, reprit ma mère, tu
écriras le récit de ton voyage, et tu en fixeras
ainsi le souvenir.

J'ai obéi à ma mère, et je termine ces
pages en réclamant l'indulgence dont j'ai grand
besoin.

FIN.

Sotteville-lès-Rouen. — Imp. LECOURT et MIOLLAIS.

www.ingramcontent.com/pod-product-compliance
Lightning Source LLC
Chambersburg PA
CBHW052149090426

42741CB00010B/2194